計画　テスト　分析　練習

「けテぶれ」宿題革命!

子どもが自立した学習者に変わる!

葛原 祥太

学陽書房

「毎日の宿題、プリントの用意と丸つけでうんざり！」
と悩んでいる先生へ。

子どもが
本当に生きていくための
学びの力を獲得する時間に
「宿題」を変えませんか？

それが、

「けテぶれ」宿題革命です。

「けテぶれ」による宿題は、こんなふうに変わります。

① 毎日のプリントはいりません。
　必要なのはドリルとノートだけです。

② 今日何をやるべきか
　決めるのは子ども自身です。

③ 丸付けや自己分析も
　子ども自身がやります。
　教師はそのサポーターです。

ノートにこんなふうにやって
いきます。

㋕ **計　画**——その日の「めあて」を書く

㋓ **テスト**——自分でテストをして、
　　　　　　　自分で丸付けをする
　　　　　　　（ドリルや問題集）

㋪ **分　析**——間違いを分析し、
　　　　　　　どうしたらいいか考える

㋩ **練　習**——分析で考えたことを
　　　　　　　やってみる

たったこれだけで、
子どもがみるみる変わっていきます!!
教師の側がワクワクするほどに！

（▶ 実際のノートの例は 22 ページへ）

僕のつくりたい未来〜少し長いまえがき

●日本の公教育で子どもの未来を変えたい

　この本は、宿題に革命を起こし、子どもが自分に必要な学びを考え、学びのPDCAを回す「自立した学習者」に育つための宿題に変える、その方法を書いた本です。

　みなさんは、もし一念発起して何かの資格を取ろうとする時、どうやって勉強するでしょうか。

　おそらく、何か問題集を1冊買って、テストの日までに1日あたりどの程度勉強すべきか見通しを立て、1ページずつ問題を解いていきますよね。答え合わせをして、間違えた問題の解説を読んで、覚えられるように線を引いたり、自分でノートにまとめたり、何度も繰り返し書いたりすると思います。当たり前ですよね。

　では、こういう学び方を明確に誰かから教わった記憶はあるでしょうか。自分の学び方の質を向上させようと努力したことはあるでしょうか。ほとんどの人は「ノー」と答えると思います。僕自身もそうでした。なんとなく、気づけば身についていた。

　ではもし、学び方を子どもの頃にしっかり教えてもらっていたら？　そして自分に合った学び方を確立できて、その努力の中で「勉強って楽しい！」と思えていたら？

　さらに、そういう学習を日本の公教育で保証することができたら？　**日本の全国民が、自分なりの学び方を発見し、学ぶことに対するマイナスイメージを払拭でき、学校の勉強＝退屈でつまらないものという負の方程式を打ち崩すことができていたら**…今以上の日本の姿がここにあったかもしれません。いえ、確実にあったでしょう。

「けテぶれ」でつくりたいのはそういう未来です。

●ある晴れた夏休みの朝に

　学び方を学ばせるには、どうすればいいのでしょうか。そもそも「勉強をする」とは具体的に何をすることなのでしょうか。それを学校教育に取り入れることは可能なのでしょうか。そんなことを考え始めたのは、ある晴れた夏休みの朝のことです。

　数匹のセミがまだ寝ぼけた声で鳴いているのを聞きながら、僕は勤務している小学校に向かってバイクを走らせていました。2学期から宿題の出し方を変えたいなぁ、と考えながら。毎日毎日、算数プリントを印刷して黒板に宿題の内容を書く。この**思考停止のサイクル**をなんとか変えたかったのです。

　そして考えつきました。「**勉強の方法を教えてあげればいいんだ**」と。自分がやるべき学習を、自分で判断し、学びを積み上げられるようにすれば、宿題にまつわる思考停止のサイクルを止めることができる。そう考えたのです。

　そこで子どもたちがわかるように勉強の方法を簡単にまとめました。やったことは1つ。「勉強する」という大きくつかみどころのない漠然とした言葉が含む行為を4つの過程に分けたのです。

「計画」「テスト」「分析」「練習」と。

　学習計画を立て、問題を解き、何が悪かったかを考え、乗り越えるために努力する。シンプルですよね。そしてこの学習法に名前をつけました。

　それぞれの過程の頭文字を取って、**「けテぶれ」**と。

●学ぶことが楽しい！　と変わる子どもたち

　２学期。当時担任していた５年生の子どもたちに説明をして、実践を始めました。僕も子どもたちも手探り状態。でもその中に確実に光るモノがありました。

　着実に、自分で学びを積み上げる方法をつかみつつある。自分の学習をコントロールできるようになってきている。わからない！となったその先に一歩を踏み出せるようになっている。そして何より、学ぶことを楽しみ始めている。

　１年の終わりには、多くの子が、「自分は"けテぶれ"で勉強を積み上げられる」という自信を持っていました。その学年の持ち上がりが決まった時、子どもたちは口を揃えて「また"けテぶれ"ができる！」と喜びました。その１年、またけテぶれに取り組んだ子どもたちは卒業後も「先生！まだけテぶれやってるよ！」「友だちが勉強で困っている時、けテぶれ法を教えてあげてる！　さも自分が考えたようにね！（笑）」と報告に来てくれます。「先生と一緒だからできる」という状態から、自分で操ることができる学習法へ。これを子どもたちの中に位置づけることができたのです。「けテぶれ」のシステムも、この２年でおおむね確立できました。

　そして異動。まったく新しい学校で「けテぶれ」のこともまったく知らない４年生の子どもたちに一から、学び方を教える機会を得られました。僕にとって勝負の年でした。初めて、「けテぶれ」を完成したシステムとして子どもたちに示せる。けテぶれの真価が試される年でした。
　結果的には…大成功。大きな教育効果が得られました。日々、すさまじい質の学習を積み上げる子、ほかの子の学習方法を貪欲に吸収し続ける子、新たなアイディアをどんどん生み出しトライアンドエラー

を積み上げる子、まったくノッていなかったがある日突然覚醒する子、授業への参加意欲がみるみる高まっていく子。毎日本当にワクワクするノートが提出されます。日々驚きと感動がありました。

　考えてみれば当たり前です。今までの宿題で、ノートの取り方、学習箇所、学習量を一律に決められ、その檻の中から出られなかった子どもたちを解き放ったわけですから。蓄積された学びへのエネルギーが爆発したのです。この年は「けテぶれ」というシステムをキッチリと整えて示すことができたため、子どもたちは迷わず突き進むことができたのです。

●**子どもたちの学びのエネルギーはすさまじい**
　その中で僕の「子ども観」は大きく変更されました。
　子どもたちが持っている学びのエネルギーは、想像をはるかに上回るすさまじさであると。僕たち教師がやるべきことは、彼らの潜在的学習エネルギーを解放するための手段を手渡してやることだと。決して彼らを狭い檻に閉じ込め、統制することではないと。ここから授業の方法も変わりました。
　すべては「けテぶれ」を考案したあの夏の日から始まりました。
　「学び方」を教える。
　こんなシンプルなことで、今まで見たことのない景色が現れるのです。子どもたちは学びの海を自由に泳ぎ回り始めます。広く、深く。

　学び方とは、学校のテストに向けて計画して、自分の実力を図るために自分でテストをしてみて、結果を分析して、乗り越えるために練習すること。本書には、このシンプルな考え方を子どもたちがしっかり受け取り、力強く学んでいけるためのノウハウをまとめています。
　実際にこの本に書かれている方法を使って、小学校はもちろん、中高の部活指導、親子で取り組む家庭学習、さまざまなフィールドで目

覚ましい結果が出ているという報告をいただいています。

　この本が多くの指導者のもとへ届きますように。子どもたちが持つすさまじい学びのパワーに驚き、いきいきと学ぶ姿にワクワクする日常が１人でも多くの指導者のもとに訪れますように。学びの力を解放してもらった子どもたちが、力強く日本を引っ張る未来が実現しますように。そんな思いをこめてこの本を書きました。
　「学び方を教える」。こんなシンプルなことをするだけで、見たこともない景色が生まれるのです。

　2019年６月

葛原祥太

もくじ

まえがき 6

序章 「学び方を学ぶ」なぜ自己学習力か。なぜ宿題改革なのか。

日本トップレベルの高校生からの学習相談　16
やらされる勉強から、自らやる学びへ　18
宿題改革案「けテぶれ」　20
コラム1 本書使用上の注意　26

第1章 「けテぶれ」って何？

「けテぶれ」って何？？　28
なぜ「けテぶれ」で結果が出るのか　30
けテぶれが養う力① 自分を客観的に見る「メタ認知能力」　32
けテぶれが養う力② 自分で学習方法を発明できる力　34
けテぶれが養う力③ 大人でも難しいやる気のコントロール！　36

けテぶれが養う力④
「自立」とは1人で立つことではない　38
けテぶれが生み出す圧倒的な風景　40
実践実例①:「けテぶれ」で子どもたちが変わった！　42
実践実例②:自立する学習者を育てる「けテぶれ」　44
「けテぶれで勉強がわかった！」子どもたちの感想　46
コラム2　どちらかではなく、どちらも。　54

第2章　これが「けテぶれ」だ！

「けテぶれ」は自分なりの学び方を獲得する効率的な学習法　56

単にサイクルをまわすだけではだめ！　58

けテぶれの基礎となる小サイクル　60

小サイクルのまわし方①　計画　62

小サイクルのまわし方②　テスト　64

小サイクルのまわし方③　分析　66

小サイクルのまわし方④　分析〜間違いの5分類　68

小サイクルのまわし方⑤　練習　70

大サイクルで自らの学習法に鋭く向き合う！　74

大サイクルのまわし方①　大計画　76

大サイクルのまわし方②　小テスト　78

大サイクルのまわし方③　大テスト　80

大サイクルのまわし方④ **大分析** 82

大サイクルのまわし方⑤ **大分析の視点** 84

大小2つのサイクルはみんなでまわす！ 86

けテぶれルーブリック（例） 88

第3章　やってみよう！　けテぶれ

けテぶれの始め方　準備編 90

けテぶれの始め方①
無理なく楽しくできるレベルを目指そう 92

けテぶれの始め方② **シンプルに、わかりやすく** 94

学びの海に降りて　一生使える力を身につけよう！ 96

けテぶれノートの提出頻度と対応 100

始めたらすぐに出そう！　けテぶれ通信！ 102

学びの大豊作！　宿題交流会！ 106

クラス全員での交流！「けテぶれ大交流会」 108

教師がやるべきこと① **学習力についての語り** 110

教師がやるべきこと②**「学びの海」を語る** 112

教師がやるべきこと③ **クラスの子どもたちと対話する** 114

教師がやるべきこと④
子どもたちのタイプに合わせた指導 116

子どもたちのタイプ別指導法　～Aエリア～ 118

子どもたちのタイプ別指導法　～Bエリア～ 120

子どもたちのタイプ別指導法 ～Cエリア～ part.1　122
子どもたちのタイプ別指導法 ～Cエリア～ part.2　124
子どもたちのタイプ別指導法 ～Dエリア～　126
子どもたちのタイプを踏まえた学級指導法　128
コラム 3　感動のサイクル　130

第4章　けテぶれで子どもはこんなに変わる！

さあ、学びの海へ一歩踏み出そう！　132
第1ステージ：トップランナーの輝き　134
第2ステージ（前期）：けテぶれはサボれる　136
第2ステージ（後期）：サボる自分と向き合い自律する　138
第3ステージ：熱を帯びる学習者たち　140
そして授業が変わる　142
学びのポートフォリオが学び方の探究を支える　144

あとがき　146

序章

「学び方を学ぶ」
なぜ自己学習力か。
なぜ宿題改革
なのか。

日本トップレベルの高校生からの学習相談

やらされるだけの勉強はあぶない

☑ 学習者として自立していなかった高学力の生徒

　「けテぶれ」を説明していくにあたって、まずはこんなエピソードから紹介しようと思います。

　先日、日本でもトップの学力を持っている高校生の勉強の相談に乗りました。急に勉強がわからなくなり、やる気が完全に失われてしまったというのです。解決策を探るため、学習の様子や課題の内容を聞いていると、彼が高い学力を有している理由がよくわかりました。

理由1：与えられる課題の質が高く、量が膨大
理由2：与えられるタイミングや系統性なども整っている
理由3：彼は大量のインプットに耐えうるだけの資質と能力がある

　こんな理由があるとわかったのです。でも、彼は困っていた。さらに詳しく話を聞くとその原因が3つ見つかりました。

原因1：与えられる学習ばかりで勉強法が確立していない
原因2：自分にとって必要な学習が何かわかっていない
原因3：やる気がわかない時の対処法がない

　つまり彼はただ無思考に、**与えられた情報を飲み込んでいただけ**だったのです。学習者として自立していなかった。だから大量の情報で消化不良を起こした時、対処法がわからずモチベーションが崩壊し

てしまったのです。

☑ これからの時代に求められる学び方

　彼に足りなかったのは、自分の学びを自分で進める力でした。無理もありません。彼が置かれている学習環境がそれを許してくれなかったのですから。しかし今後の社会を見通した時、必要なことはこのような学びでしょうか。

　価値がどんどん相対化していく今後の社会において必要なことは、多様な選択肢の中から、自分にとって何が必要かを自分で考え、自分で選び、自分でその結果を受けて、進み続けるという態度ではないでしょうか。ともに歩む仲間と共同しながら、無限のトライアンドエラーを繰り返し、自分なりの解を紡ぎ出していくことこそ、これからの時代に必要な態度ではないでしょうか。

　そのために必要なことは「大量の情報を飲み込ませること」では決してありませんよね。それとは正反対に「子どもたちを学びの海に解き放ち、その海の中を自由に泳ぎ回らせてやること」が必要だと思うのです。**学びの海の中で、今自分は何をすべきか、そのために何をどう学んでいくのかを自分で考え、自分で選び、結果を受け取りながら、仲間とともに力強く進んでいく。**今の子どもたちにはこういう学び方が求められているのではないでしょうか。

　僕はこういう学び方ができる人のことを「**自立した学習者**」と呼びます。どうすればこのような学び方ができるようになるのでしょうか。そのために必要不可欠なのが「**学び方を学ぶ**」ことです。ただ子どもたちを海に降ろすだけでは溺れてしまいます。学びの海を楽しむためには、学びの海での泳ぎ方を身につけさせてやらなければならないのです。だから僕は、**学ぶという行為を「計画、テスト、分析、練習のサイクルを回すこと」と定義しました。**

　学び方を学び、学習者として自立することは、今後の社会で豊かに力強く生きるためにとても大切なことだと思うのです。

やらされる勉強から、自らやる学びへ

自ら学ぶことが生みだす大きな気づき

✅ 学ぶことは楽しい

　自分の意志で自分のやりたいことをやりたいだけやれる。自分がやるべきことがわかる。多くの方法の中から好きなものを選択できる。選択と行動を積み重ねた末に、できなかったことができるようになる。そういう営みの中で学び方を学び、学習者として自立していく。

　「けテぶれ」が生み出す自由で豊かな学習環境の中で「やらされる勉強」から抜け出した子どもたちは、学ぶことが生み出す大きな喜びを受け取ります。その喜びがさらに、学びの海を力強く進む原動力（主体性）を大きく育て、ともに学ぶ仲間との対話を豊かなものにし、深く深く学んでいきます。

✅ サボることで自律する

　自由な学びの中で、マンネリも経験します。どんな方法でもいい、どんな内容でもいい、どんな分量でもいい、というけテぶれの学習環境は、「やらない」という選択も許容します。そんな環境で子どもたちの心の中にサボり心が芽生えます。結果、成績が落ちる。サボった結果は、点数という客観的な数字となって自分に返ってきます。自分の行動の結果ですから、受け入れざるを得ません。そういう経験から、子どもたちは気づくのです。**学びの海では、どれだけ泳ぐ力があって**

も実際に体を動かして泳がなければ沈んでいく、と。

☑ 自律から自立へ

　1年の最後になって、子どもたちはこう言います。けテぶれは自分のサボり心に出会わせてくれた、と。最終的には自分が踏ん張らなくてはどうにもならないことがわかった、と。4年生、10歳の子どもたちでもこのように言うのです。けテぶれから、ここまでの気づきが生まれるのです。

　このように言える子は、「学習者として自立し始めた」と言ってよいでしょう。**「自ら学ぶ」とは、自ら選び、結果を受け止め、モチベーションをコントロールしながら学び続けようとする学習努力のこと**をさすのですから。自分で勉強し、結果に責任を持ちながら、自分なりの勉強方法をつくり上げる。そのサイクルの中で、子どもたちは自分を律し、自分で歩み始めるのです。

☑ 「宿題」は自己学習力を育てる絶好のステージ

　ではこのような学びを学校教育のどこでするか。カリキュラムはただでさえいっぱいいっぱい。英語もプログラミングもやらなければならない中で、新しいことをする余裕なんてない。

　ではその外に、けテぶれの学びを位置づけましょう。「宿題」です。けテぶれは「宿題」で行うのです。**独学力を磨くステージとして宿題を捉え直す**のです。家庭で、1人で取り組む宿題は、自分なりの学び方を試行錯誤しながら練り上げる場として絶好のステージです。

　え、そんな。宿題のやり方を変えるなんて…そうですよね。労力がいります。エイヤと本腰を入れなければならない。そこまでする必要があるのか？

　あるのです。**今日本で広く行われている宿題の現状は早急に改善すべき問題を抱えているのです。**

宿題改革案「けテぶれ」

身の回りに情報があふれている今こそ、自ら学ぶ力を

なぜ宿題をやるの?

　ここで、作業として与えられる「宿題」の問題点について学びます。
　子どもたちに「なぜ宿題をやるの?」と尋ねてみると、どんな答えが返ってくるでしょうか。「やっていれば先生に怒られないから」これが大半ではないでしょうか。あとは「宿題をやればゲームができるから」。
　これらの答えの裏側に潜むものに目を向けてみると…

「やっていれば先生に怒られない」
→面倒くさいけど、立場が上の人が言っていることにはとりあえず従っておけばいい。➡**自身の環境に対する無思考、受動的態度**
「宿題をやればゲームができる」
→嫌な宿題(子どもたちの中では宿題＝勉強)をすれば楽しいゲームができる。➡**学習は楽しくないものというイメージの醸成**

　このような思考や態度につながっているのではないでしょうか。
　つまり無意味で作業的な宿題は子どもに「学習習慣」をつけるどころか、**「与えられた課題を無思考にこなすこと」**と**「勉強することを苦しみと捉えること」**を毎日繰り返させ、習慣化させているおそれがあ

るのです。

　作業的な宿題にはこのような問題点があり、教育界は一刻も早くこの問題に対応しなければならないのです。選択は2つに1つ。「やめる」か「改革するか」です。

☑ 宿題改革案「けテぶれ」

　宿題の目的、ひいては小学校で行う教科学習の大きな目的の1つはシンプルに「学力」をつけることです。そのための手段の1つが「宿題」であるはずです。そう考えると、もう学力がある子は宿題をする必要はないとも言えます。だとすれば、すべての子どもにとって有意義な宿題の形とは、「**学習量も学習箇所も学習方法もすべて自由。ただしテストで合格点が取れるのなら**」ということが言えませんか？

　しかし「自由に必要なだけ勉強しなさい」と言うだけでは子どもたちは前に進めません。なぜなら多くの子どもたちは、「勉強」という行為が何をすることなのか、はっきりとわかっていないからです。

　勉強することとはどういう行為を指すのでしょうか。僕は**勉強という行為を「計画して、テストして、分析して、練習するというサイクルを回すこと」と定義しました**。その頭文字をとって「けテぶれ」です。

　こうして学び方を明確にわかりやすく伝えてやることで、子どもたちは自由に、力強く学びの海を泳ぎ始めます。そして学ぶことの喜びを受け取るのです。

　学びの海を泳ぎ回る喜びに気づいた子どもたちの姿はどんなものになるのか。想像してみてください。ワクワクしますよね。ほぼ確実に子どもたちは、今みなさんがされた想像をはるかに超える姿を見せてくれます。けテぶれに取り組むことによって、僕たち大人は、「**大人が子どもたちの限界を勝手に決めてしまっていたのだな**」ということに気づくのです。

　では実際の子どもたちのノートを少し見てみましょう。

　一人ひとりが自分で学びを進化させている様子を。

これが「けテぶれ」でやった宿題の様子です！

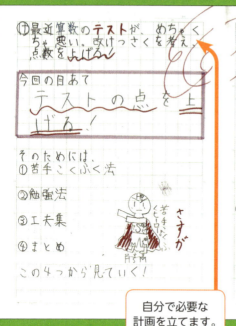

自分で必要な計画を立てます。

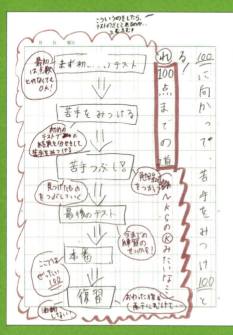

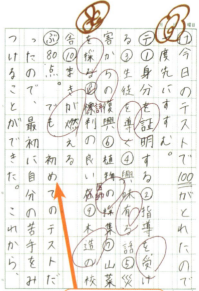

結果を分析して、学びの段取りを考える子も

学びの悔しさも書き込みます。

イラストで学びの整理をする子も！

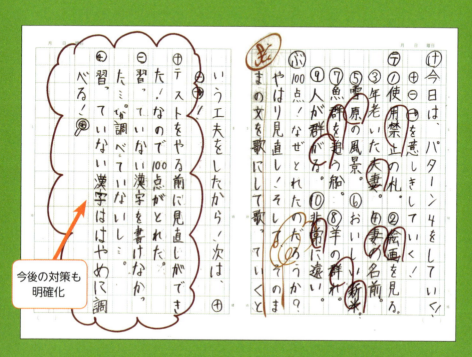

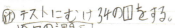
自分なりの努力
ポイントも明確化

⑰テストにむけ34の①をする。
　今日の課題
　・字をきれいにかく
　・十10の字をカンペキにする
　・漢字だけで2ページ以上は×
⑰
①使用禁止の札。
②絵画を見る。
③年老いた夫妻
④妻の名前
⑤雪原の風景。
⑥美味しい新米

⑦君羊を追う船
⑧羊の君羊れ
⑨人が群がる
⑩非常に違い
⑤11点でまだまだだめなので
×する
×夫｜妻　妻
夫妻　妻妻　妻妻妻妻妻
夫妻　妻妻　妻妻妻妻妻

⑰算数の予習をする
ポイント　三角形の合計の角度
は、180 四角形は180
度です　←これは180度です
このポイントをふまえて
①55+45=100
　180-100=80
　　　　　A.80度

②80+65=145
　180-145=35
　　　　　A.35度

③110+40=150
　180-150=30
　　　　　A.30度

ポイント
④　これは直角つまり90度の裏です。
　30+90=120
　180-120=60
　　　　　A.60度

ポイント
⑤二等辺三角形は②と④の角度がいっしょ
　75×2=150
　180-150=30
　　　　　A.30度

⑥ポイント
　エとイの合計がウになります。
　105-65=40
　　　　　A.40度

どの子もしっかり
前進するようになる！

コラム1 本書使用上の注意

　これからけテぶれについて書いていきます。その時常に意識していただきたいのは、この本に書かれていることが子どもたちを自立した学習者に育てる唯一絶対の正解ではないということです。本書に書かれていることは僕が数年間かけて子どもたちと共に考え抜き、見出した1つの方法です。ゴールはあくまでも子どもたちを学習者として自立させること。そのゴールに向かう手段は無限にあります。

　しかしどこまでも「なんでもあり」では前に進めませんよね。だから、ゴールに向かう手段に共通する合言葉を設定したのです。それが「けテぶれ」です。自分で自分の力を伸ばそうとするとき「計画、テスト、分析、練習」という4過程は必要不可欠だと思うのです。それをキャッチーな合言葉としクラスで共有すれば、対話が生まれ、深く学び合い始めます。

　けテぶれを合言葉に、子どもたち一人ひとりが主体的に、対話的に、深く学び合うようにするためにはどうすればいいか。この本ではその問いに対する僕なりの答えを紹介します。この本とは違った具体例を知りたい場合は、Twitterでけテぶれと検索してみてください。たくさんの先生がけテぶれのアイディアをシェアしてくれています。また、ご自身が有効なアイディアを得た場合は是非、#けテぶれのハッシュタグをつけて発信してください。実際に今こうして「けテぶれ」を合言葉に全国の先生がSNSを通じて対話的に学び合っています。共通言語ができれば対話的に学び合える。それは大人も子どもも同じです。ぜひその輪の中に入ってください。

　Twitterでは大量の「具体例」を得られます。それとは反対に、もっと抽象的な理論が気になるという方は、「自己調整学習」という学問領域を勉強してみてください。けテぶれが主張することの学問的な根拠を知ることができます。

　すべては子どもたちを自立した学習者に育てるためのアイディアです。ぜひ、1つのやり方に縛られることなく、僕たちで共に「けテぶれ」という実践を作り上げるという意識を持ってください(^^)

第1章

「けテぶれ」って何？

「けテぶれ」って何??

子どもたちが自ら学び始めるみんなの合言葉

☑ 当たり前の学び方です!

「けテぶれ」とは、簡単に言うと「子ども自身が主体的に行う効率的な勉強方法」のことです。具体的には、

- **け (計画)** 目標に向けて学習計画を立て、
- **テ (テスト)** 自身の実力を自分で測り、
- **ぶ (分析)** 実力を上げるためにはどうすればいいかを考え、
- **れ (練習)** 学習を積み重ねる

というサイクルをまわします。各過程の頭文字をとって「けテぶれ」です。何も特別なことではありませんよね。普通勉強しようと思えばこういうサイクルをまわすことになると思います。その当たり前を「当たり前でしょ」で済ませず、行為を分解し、名前をつけ、サイクルとして意識できるようにする。こうすることで勉強するという漠然とした行為に形が生まれ、クラスみんなでその感覚を共有することができるようになります。

さらにこのけテぶれのサイクルを PDCA サイクルのような、社会で広く使われている自己改善サイクルと結びつけることで、「一生使える力」として子どもたちに提示することができるのです。

「けテぶれ」では、学習内容を確実に定着させるだけでなく、「勉強方法」について学習し、自分にとってよりよい学習法を確立していく

ことができるので、①のような子どもたちを②のように変えることができます。

「けテぶれ」を知ると、子どもたちは「自己学習」つまり「独学」ができるようになります。そしてけテぶれを基にした「自己学習」に取り組む中で、自分なりの勉強方法を見つけ「自立した学習者」へと育っていきます。

なぜ「けテぶれ」で結果が出るのか

けテぶれの「結果」はテストの点だけじゃない

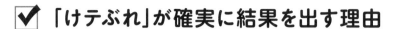 「けテぶれ」が確実に結果を出す理由

　なぜ結果が出るのか？　答えは単純です。「けテぶれ」では「結果」を子どもたちに鋭く求めるからです。結果とはこれも単純に、テストの点です。こう書くと、テストのために勉強をするなんてなんだか味気ないという印象を持たれるかもしれません。

　もう少し詳しく言いましょう。けテぶれでは「テストの点を目指して学習すること」を手段として、学び方を学び、「学習者として自立すること」を目的としています。子どもたちは単元や学期ごとに行われるテストの点数を上げることを目標としながら、日々自分で自分をテストして実力を測り、間違ったところを学び直します。同時に自分を成長させる「学び方」について、友だちとアイディアを交換しながら、日々工夫していきます。このような学びの中では、テストの点は「自分の学習方法が有効だったかを判断するめやす」として機能します。**こうしてクラス全員で「結果」を求め努力することで「学び方に対する学び」をどんどん深めていくのです。**

　こうして子どもたちは、日々自分の学びに向き合いながらその質を上げています。その子たちの「テストの点数」が上がるのは当然だと思いませんか？「テストの点数」とは氷山の一角に過ぎません。そして氷山が海面から高く突き出るには、その下に巨大な氷塊がなければ

なりません。この学びの氷塊を日々子どもたちは大きくしようとします。だから、けテぶれは確実に結果が出るのです。

けテぶれのサイクルで子どもたちは何を考え、何を学ぶのか

「計画」で考えること
- 目標達成に必要な項目を把握することの重要性
- 目標に向けた計画を立てることで、日々の努力がブレないこと
- 現状を正しく把握し、学習計画を柔軟に変化させることの重要性

「テスト」で考えること
- 自身の実力を測るためには正確な採点が要求されること
- 間違いにこそ成長の種があるということ
- 本番に近い状況をつくるのが自分の力を試すために有効であること

「分析」で考えること
- 自分は何が得意で何が苦手なのか、何が好きで何が嫌いか
- 苦手なものに対してはどう対処するのが自分に向いているか
- どういう状況の時に集中できるのか

「練習」で考えること
- 自分の実力を高めるための学び方は１つではないということ
- 量的アプローチと質的アプローチの両面が大切であること
- 視覚、聴覚、触覚など「学びを生む情報」を受け取る感覚は１つではないということ

　このような思考の中で子どもたちは、**①自分のことを客観的に見つめる目を養い、②自分に合った学習方法を見つけ、③モチベーションをうまくコントロールしながら、④誰かに頼ったり頼られたりするよさを知り、「学ぶことそのものへの学び」を深めていきます。**このような学びこそが子どもたちを「自立した学習者」へと育てていくのです。次のページから上記の①〜④の姿をもう少しご紹介します。

けテぶれが養う力①
自分を客観的に見る
「メタ認知能力」

自分の変化に気づくことが成長への一歩！

☑ 自分の苦手がわかる！

　「けテぶれ」で養われる力の1つが心理学で言う**「メタ認知能力」**です。「テストで合格点を取るという目標に対して、今自分はどこにいるのか。何ができていて、何ができていないのか」ということを客観的に見極める力が付きます。自分の苦手なことや得意なことが自分でわかっていることは、学習者としての基本です。

☑ 失敗は成功のタネという実感を持つ！

　毎日自分の学習と向き合うことで、過去の自分と今の自分を比べ、**自分の成長を自分で感じ取る**こともできてきます。この視点が育つと、過去の失敗が今の自分の成長につながっていることに気づくことができます。失敗は、それを乗り越えることで成長につながることに、自らの変化から気づくのです。

　さらにこの「メタ認知力」を高めることは、テストの点が悪くても、過去の自分と比較し、成長を見出すことで、自己肯定感を低下させずに学び続けるという態度を養うことにもつながります。

☑ 自分の学習方法についての思考が深まる

　自分を見つめる目＝「メタ認知能力」が育ってくると、今日の学習

の質や量はどうだったか、集中度はどうだったかなど、自分の学習方法について思考するようになります。この思考が生まれることによって子どもたちは「自分なりの学習方法」をつくり上げていくことができるようになるのです。

子どものノートの例

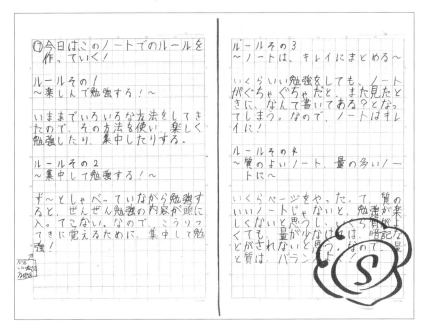

☑ 学習以外のことも分析的に見ることができるようになる

　けテぶれは自己学習のサイクルです。それは当然、**教科の勉強以外にも適用できます**。子どもたちのメタ認知能力は、まず自分の学力について毎日思考することで養われ、「自分の学習方法」へと視野を広げ、最終的には、自分の生活習慣や、性格、得手・不得手など、「自分そのもの」を見つめる視点へと育つのです。

けテぶれが養う力②
自分で学習方法を発明できる力

お気に入りの勉強法は１つじゃなくてもいい！

「目標に向かう手段は無限にある」という学び

　「けテぶれ」で養われる力の２つ目が「**たくさんの学び方を使いこなす力**」です。

　たとえば、漢字を覚えるという目的のために、「たくさん書く」という手段があります。それが、いつの間にか、たくさん書いていることが素晴らしく、少ししか書いていないことは素晴らしくないというように、「たくさん書く」ことが目的化してしまっていることはありませんか？

　けテぶれではそんなふうに手段が目的化してしまうことはありません。**目標はあくまで、漢字を覚えること。それができれば、手段は自由**。

　けテぶれでは、子どもたちは本当に豊かな発想で学習をするようになります。漢字を覚えるために辞書で熟語を調べたり、習った漢字すべてを使って１つの物語を作ったり、イラストにしたり、クロスワードパズルを作ったり、漢字１字が筆順通りにでき上がっていくパラパラ漫画を作ったり…。書くばかりではなく、歌で覚えたり、語呂合わせを作ったり、中には「ひたすら見る」という方法をとったり。たくさんの試行の中で、自分に合った学習方法を見つけていくのです。

　やってみなければその方法が自分に合うかどうかはわかりません。

だから、毎日いろいろな方法を試す環境に子どもたちを置くのです。

☑ 学習パターンを使い分け、マンネリ化を防ぐ！

　日々のトライアンドエラーから、たくさんの学習方法を得ることは、学習のマンネリ化を防ぎます。毎日同じ方法だと飽きてしまいますよね。気分によって服を着替えるように、その日の気分によって学習方法を選択する。そんな姿も見られます。

　クラスのある子は自分の学習パターンを 10 種類近く持っており、それを 1 週間単位で配列して、「今日はパターン 4 ！」というように学習していました。それを見ていたほかの子は「アイテムをたくさん持っているね！」とたとえていました。万能なアイテムもあれば、特別な状況で有効なアイテムもある。多様なアイテムを持っていることで有利にバトル (学習) を進められますね。

☑ 学習サイクルをも自ら生み出す！

　ここでも視野の拡大が起こります。苦手を克服するための方法を考えていた子どもたちは、苦手を見つけて乗り越えるための学習サイクルをも自ら考え始めるのです。

　僕は「けテぶれ」と言っていますが、子どもたちはそれを改変して「もドケミポ」という学習サイクルをつくりました。「目標、ドリル、結果、ミス練習、ポイントまとめ」です。サイクルとしても成立しています。「おもてなし」（大きな目標、目標、テスト、直し、しっかり練習）」なんていうのもありました。

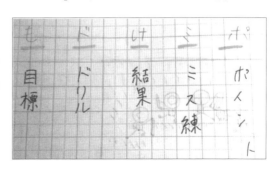

けテぶれが養う力③
大人でも難しい
やる気のコントロール！

誰にだって、やる気のわかない日はある

☑ 勉強＝つまらない、というイメージを破壊する

「けテぶれ」を始めると子どもたちは生き生きと学習に取り組むようになります。「自分で決めて、自分で進み、成長を実感する」ということは楽しいのです。

たとえばカヌーの体験教室で、インストラクターが手取り足取り延々と説明し、いつまでたっても自分で操縦させてくれなければ面白くありませんよね。学校の学習でも同じことが言えるのです。

☑ 弱い心に出会い、乗り越える

しかし、そんな楽しい学習もいつか飽きてきます。とくに自由度の高いけテぶれでは、「サボる」ことを選択することもできます。そこで子どもたちは、初めて自分の「弱い心」と対峙することになるのです。ここでの葛藤が、「自らのモチベーションをコントロールする力」を生み出します。サボり心に勝つ力は、サボれる環境で、サボる自分と出会って初めて養われるのです。

☑ やる気を出す方法を獲得する！

　サボればテストの点が下がります。子どもたちはその時初めて自分のやる気をコントロールする必要性を感じ、さまざまな工夫をし始めます。モチベーションコントロール力が高まり始めるのです。

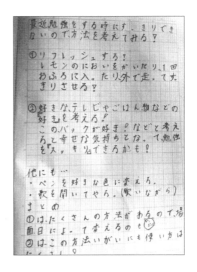

　学習に制限時間をかけたり、結果に応じてご褒美を設定したり、一度リフレッシュをしたり、ペンの色を変えたりと、自分のモチベーションをコントロールしようとする思考が見え始めます。

　やる気をコントロールしようという思考を深め続けると、学習心理学で言われる「内発的動機づけ」「外発的動機づけ」について直接思考し、使い分けようとする姿まで見られることもあります。

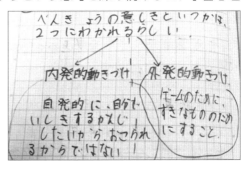

けテぶれが養う力④
「自立」とは
1人で立つことではない

自己学習力の獲得をみんなで目指す意味

☑ けテぶれをやると、友だちができる！

　テストで合格点という同じ目標に向かって努力している仲間同士が教室に集まれば、当然のように助け合い、学び合う姿が生まれます。困っている友だちがいればアドバイスをしたくなります。そんな姿を見ていれば、自分が困った時には自然と友だちを頼るようになります。

　「けテぶれ」を宿題に取り入れると、それを中心に、熱く目標を目指しながら、温かく支え合う集団が育っていきます。

　だから子どもたちは、「けテぶれをすると友だちができる」と言います。

> ㊁明日丸つけする。(学校で)
> けなしあげの⑥番の①、②、③がしっかりと分かっていないから学校で友だちと説明しあう

☑ 困った時に「困った」と言えること

　本当の自立とは依存先をたくさん持つことである。これはよく言われることですね。けテぶれに取り組む教室では、ごく当たり前にこのような風景を見ることができます。友だちの学習計画を立ててあげたり、専用の問題集を作ってあげたり。宿題を、先生ではなく、自分のことをよくわかってくれている友だちに提出する子もいます。子どもたちの豊かなつながりがあるからこそ、一人ひとりが力強く自分自身の弱さに向き合い、乗り越えようと努力することができるのです。

☑ けテぶれの特長をまとめると

　このようにけテぶれでは、テストで合格点を取るという目標に向かって学習を進める中で、**①自分のことを客観的に見つめる目を養い、②自分に合った学習方法を見つけ、③やる気をうまくコントロールしながら、④友を助けたり、頼ったりすることを学び**、子どもたちは「自立した学習者」へと育っていくのです。

　しかも、けテぶれは、PDCAサイクルといった社会で広く使われている自己改善サイクルにも近い考え方です。つまり、けテぶれの学びの中では、学び方を学びながら、知らず知らずのうちに**大人になっても通用する自己改善サイクルを身につけることができる**のです。

　これだけの学びが「けテぶれ」にはあります。テストの点を上げることはあくまでも「目標」。そこに向かう努力の中で上記①〜④のような大切な学びを生み出すことがけテぶれの「目的」なのです。この構造をしっかりと意識して指導することが大切です。

　次のページに、このような学びを受け取った子どもたちがどのような景色をつくり出すものなのか、その例をご紹介します。

けテぶれが生み出す圧倒的な風景

子どもたちの光り輝く学びの姿に先生たちが出会った

☑ 圧倒的な得点率のアップ

「けテぶれ」で宿題に取り組むとどんな結果が出るのか。まず、わかりやすく「学力」が上がります。今までの宿題のやり方よりも格段に効率がいいですから、学習成果が上がるのです。たとえば以下のような結果が報告されています。

- 社会の平均点150点中146点
- 学期末の漢字50問テストで33人中18人が100点
- 算数の大テストの平均点が90点を下回らなくなった
- 2学期の単元テスト、全教科で平均点90点越え
- 期末テストのクラス平均点11点アップ
- 学力の2極化が解消されつつある

☑ 圧倒的な成長力

けテぶれでは明確に「学力」の向上を目指しますが、それはあくまで「目標」。けテぶれの「目的」は、その努力の過程で「自己学習力」を高めること。つまり、学び方を学ぶことです。

- 教科書の活用力が高まっていることを感じる
- 3年間持ち上がってきた子どもたちがけテぶれで見違えるように変わった
- ミスをしたり、100点でなかったりしても「次はこうしよう」と未来志向で考えられる子が増えてきた
- 大テストをやると、分析を自分からやる子が出てきました
- 小テストへ向けての取り組みが明確になり、多くの児童が「やれば伸びる」を感じるようになった
- 子どもたちのけテぶれノート。学校の中で使っているノートでこんなにもそれぞれに書いてあることが違うノートはない
- アンケートをとったら、全員がけテぶれ形式の宿題のほうがいいと回答した
- 宿題に自分から取り組むようになったと、多くの保護者から感謝の声をもらえる
- サボることすらも学びにつながるし、以前の宿題のやり方も取り込めるし、デメリットが見当たらない
- クリスマスプレゼントには参考書をもらう！と言う子がでた
- 忘れ物が多い、やるべきことが終わらないなどの課題を克服するために、自分の生活を分析する子が出てきた
- 計画、分析という言葉がクラスの共通言語になることで、ほかの学習、行事、委員会活動などさまざまにつなげていける
- 学習のことで友だちに頼る子が増えた＆教えてあげたいと頑張る子が増えた
- 教室が子どもたち発信の学びの場になる
- 「なぜ？」「わからない」というものに対してわかろうとする姿勢が多くの子に見られるようになった
- 「できる」という実感を明確に持てる子が増えた
- 自ら学ぶことの大切さに子どもたちが気づけている

こんなことが Twitter 上に数多く報告されています。

実践事例①：
「けテぶれ」で
子どもたちが変わった！

茨城県公立小学校教諭　深山幸二（仮名）

☑ 「教師を続けられるか」と悩み

　2018年の秋、教師の仕事のブラックさについての本を読みました。これまで働いてきた教師という仕事が、理不尽の塊であることに気付いた私は、自分の置かれている状況に押し潰されそうでした。今後さらなる負担に耐え、この仕事を続けるのは難しいのではないかと考え始めていました。

　3人の我が子を育てるには仕事を変えない方がいいと思う反面、家族との時間を犠牲にして、この仕事に耐えていけるか不安でした。

　そんな時、Twitterに葛原先生のツイートを見ました。それが「けテぶれ」との出会いです。葛原先生とやり取りして、ブログの存在を知りました。全て印刷してファイルに綴じて何度も何度も読み返し、「早く実践してみたい！」というワクワクでいっぱいになりました。絶望の淵から蜘蛛の糸で助けられたと言っても過言ではありません。

☑ クラスで実際に実践してみて

　5年生の担任になり、早速「けテぶれ」を始めました。最初は「いろんな能力の人がいるから、一律の宿題だと難しい人もいるよね。だからこれから、宿題は自分の能力に合ったものをやろう。やるタイミングや量や質も自分のやり方をみつけていこう。間違えたらそこで終わ

りではなくて、自分で立ち上がっていこう。誰かにやらされるんじゃなくて自分で学び方を学ぶことをやってみよう」と伝えました。

　初めてのことなので子どもに戸惑いはありました。保護者からも「そんなことを言われても」という反応があったり、宿題の時間が短くなったことを気にする保護者もいたりしました。

　しかし、けテぶれ学習のよさを感じた子からだんだん変わっていきました。早い子は1学期半ばぐらいには上手に「計画→テスト→分析→練習」の流れができるようになっていきました。さらに宿題交流会で、いいやり方をしている子のノートや考え方を見て、クラスのほかの子どもたちも変わっていきました。

　ある子は、授業中に意見を言ったりできず、テストの点数もよくない状態でした。でも、その子が席替えで、「けテぶれで勉強の楽しさがわかった！」と言っていた子の隣になってから、隣の子にアドバイスをもらい、自分の間違いの分析や、学び方の分析についてすごく力をつけていきました。そして、自分が覚えやすいようにキャラクターをつくって、キャラクターに注意点のセリフを言わせるなど、隣の子よりもむしろ学びの分析や学ぶ工夫が上手になっていきました。

　ほかにも、失敗を素直に受け止めるようになった子や、自分なりのやり方を試す子など、目に見えていろんな子が成長し始めました。

☑ 教師の側がワクワクする学びに！

　私自身も、子どもの変化や成長がはっきり見えることにすごくワクワクして、子どもや仕事に対する意欲が変わりました。理不尽なことが多くてもがんばれるようになり、常に子どもがよくなることを考え続けるようになりました。いまでは「宿題やらなくてもいいからテストで結果出してね」と私が言っていると、子どものほうがむしろ「やってこないと点数とれないよ〜」と声をかけあっています。子どもの主体に任せるからこそ、何が大事か子ども自身が気づくのです。

　「けテぶれ」は本当に学びを大きく変えるものだと思います。

実践事例②：
自立する学習者を育てる「けテぶれ」

長崎県公立小学校教諭　金山由美（仮名）

☑ 教師30年目にして、運命的な出会い

　私は今年で教員歴30年になります。この年まで教育に携わってきて自分の中に教師としての在り方もやり方も定まってきたなと思っていました。しかし、「けテぶれ」に出会って、私にはまだまだやるべきことが残っていると感じさせられました。きっかけは職場の若手にこの「けテぶれ」を紹介されたことでした。

　ある日の放課後、職場で一緒に学年を組んでいる若い先生が、興奮気味に「けテぶれ」について紹介してくれたのです。「先生、私、これやってみたいんです！」と。

　情報源は何かと聞けば、ブログだというので私はすぐに職場のパソコンを使って検索してみました。そこには今まで私があたりまえに子どもたちに課していた宿題の在り方を根本的に覆す画期的な方法が、わかりやすい説明とともに載っていました。

　正直、調べてみるまではかなり疑っていた部分もありましたし、もしそのとき私が他の何かで気をもんでいたら、調べることすらしなかったかも知れません。そう考えると本当に運命的な出会いでした。

　ひと目見て「これはよい」と直感したので、後輩には「私も一緒に挑戦してみようと思う」と伝えました。後輩はすごく喜んでくれました。ブログを全部印刷し、後輩と一緒に話し合って、1週間後に実践に踏

み切りました。2018年の10月のことでした。

☑ 学びは子どもたちの間で生まれるものだった

　当時担任していた4年生の子どもたちには「ここまでみんなは先生に言われたことを守って、きっちりと勉強ができてきました。今日からはそこから少しレベルアップしてみましょう。自分の勉強は自分で決めてみよう」と伝え、そこから「けテぶれ」のやり方の説明にうつりました。子どもたちの反応は様々で、次の日からノリノリで勉強してくる子もいれば、何をしていいかわからず困っている子もいました。

　そこからは子どもたちの姿を見ながら、後輩と色々と手立てを打っていきました。よくできているノートを紹介したり、授業時間を使ってテーマを絞ってレクチャーしたり。その中でも最も効果的だったのが「隣のクラスとの宿題交流会」でした。普段見ているクラスメイトのノートとは一味違う取り組みを発見でき、子どもたちはとても楽しそうでした。そして次の日には、見違えるような取り組みがたくさん見られました。子どもたちもすごく効果を感じたようで、「先生、次はいつクラス交流やるの!?」と楽しみにしている様子でした。

　この出来事も私に大きなインパクトをもたらしました。これまで「新たな学びとは教師が子どもたちに授けるもの」と思っていましたが、そうではありませんでした。「新たな学び」は子どもたちの間で生まれるものだったのです。

☑ けテぶれ実践を、けテぶれする毎日

　それ以降も子ども同士の関わり合いの中で、子ども一人ひとりが学習者として自立していく様子を目の当たりにすることができました。

　この年になってもまだまだ教育の面白さを味わう機会を与えてもらえた「けテぶれ」には大変感謝しています。

　教師である私達も、どうやって子どもたちに「けテぶれ」の価値を受け取ってもらおうかと、日々、「けテぶれ」している毎日です。

「けテぶれで勉強がわかった！」子どもたちの感想

学びの海を自由に泳ぐ子どもたち

☑ 子どもや保護者の感想がすごい‼

　「けテぶれ」についての感想を子どもたちに書いてもらうと、「勉強が楽しくなる！」「勉強のやり方がわかった！」など、一見、学ぶことがとても難しそうに見えた子どもたちからも、とても意欲的な感想が返ってきます。

　さらに、保護者の方々にもご意見をいただくと、「子どもの学習の様子が変わった」「楽しそうに学習をしている」という声をいただきます。

　実際にクラスに導入した先生からは、「導入した次の日から目覚ましい変化を遂げる子が出てきた」「"けテぶれ"が合言葉になった」などと言っていただきました。

　子どもたちや保護者の実際の声をここに紹介しましょう。

☑ 子どもたちからの感想

● ぼくははじめてきいたとき、めんどくさ、やくにたたないでしょと思ったけどやっているとだんだんなれてきて、そのひつようさをわかりました。

　けテぶれをやっていくと、算数、国語のテストの点数がアップしました。（中略）ぼくはこれでほとんど100点がとれるようになり

ました。
　ぼくはこれをタイムましんを作るときにいかしていきたいです。ぼくはけテぶれのきほんをつかって算数、かん字が成長しました。ぼくは科学の人たちにもつたえたいです。(小4男子)

●わたしは1年間「けテぶれ」をやってきて思ったことがあります。それは、「自分で考えることが最も大切」(自分の中で)だと思います。
　私は、初め計画や分せきを考えるのにとても苦戦していました。けれど、計画と分せきのおかげで、例えば、計画のおかげでどこをやればいいのかわかったり、分せきのおかげでどれだけできたのかがわかりました。
　ほかにも自分のペースでできたり、テストまでの計画を頭の中に入れることができます。しかも、悪い点の分せきをしたら、次に、にたような問題がでてきたときに良い点がとれます。だから計画と分せきは大切です。
　けテぶれのよい所は、練習でキャラクターでの説明をしたり、何をやるのか工夫できるし、その工夫で楽しくできます。だからけテぶれは楽しいです。(小4女子)

●ぼくは、1年間けテぶれをやってきて、1年、2年、3年、の自分よりもずっと100点を取る自信が付きました。なぜならけテぶれでずっと大テストみたいに宿題でやっていたのでテストのときにきんちょうがほぐれて100点を取る自信が付きました。(小4男子)

●ぼくのけテぶれの1年間は、春では、けテぶれってなにかとおもってみんなについていけなくてあせってたいへんでした。
　でもだいぶけテぶれがわかってきて、3年よりもせいせきがあがりました。おかあさんにも2学期もがんばってねといわれました。(中略)分数のまえのテストでわるい点をとってしまって先生にし

かられてそれでくやしくてつぎのテストは80点以上とると目標にしていっしょうけんめいべんきょうをしてテストは本気でいどみました。そしてその結果は、95点でおっしゃーというくらいよろこびました。

そこでぼくはおもいました。やっぱ努力をしたらそのどりょくは、むくわれると。またぼくはこころのなかでもおもいました。じぶんがんばったなと。（中略）

くず原先生の教室では、みんながこうりゅうして友だちのちえと自分のちえで協力しあって全員で100点をとってたのしいクラスや協力しあうクラスにしてしゅくだいもくふうをしてみんなの思いついた図などをつかってみんなにちえをおしえたり、ぼくはこんなクラスを大人になったらひろめたい。

これから5年生や中学生などになってもけテぶれをつづけたい。さらなるけんきゅうをかさねていつかは、はっぴょうして未来をよくしていきたいなーと思いました。（小4男子）

● わたしはこの1年間けテぶれはすごいなと思います。

前のわたしは、けいかく、ぶんせき、れんしゅうをやらなくて、テストだけをやっていたことが、わたしのデメリットだったかなと思います。この時は、心に負けていたと思います。

でも1学期の間にけテぶれをしているうちに、どのようにすすめればいいのか？　なにをすればいいのか？　などいろいろな気持ちに対してなれてきました。

その結果、わかったことは、けテぶれはかんたんで、問題の意味をより深く知ることができるものだということがわかりました。しかも、けテぶれをすることによって、友達との関係が深くなり、クラスのみんなと仲良くすることができました。けテぶれは、勉強にも使えるし、友達と仲良くすることもできるし、なんにでも使えるものだということに気がつきました。2学期になるころには、すこ

しずつ宿題をするのが楽しみで、まちどおしいくらいでした。(小4女子)

● ぼくは、けテぶれをして、色々良い事がありました。その中でおもしろかったのは、勉強だけでなく、生活でもけテぶれが使えることです。例えば、ケンカをしてしまったとき、なんでケンカになったか、それをぶんせきして、自分の悪かったことをみとめる。これからどうすれば良いのか、それを計画する。これで仲直りが出来ると思います。(小4男子)

● 一番たいせつだと思ったのは、分析です。なぜなら分析を続けたらいろんな苦手などに気付くことができるからです。わたしは前までは教え合いでノートを見せるのがはずかしかったけど、さいきんは全ぜんはずかしくありません。なぜならみんなが見せてくれているのに、自分はみせないというのはひどいから、みんなに見せていたら、友達のを見たらちがうアイディアが頭の中にいっぱい入ってくるから、これも勉強になるということがわかりました。
　けテぶれがなかったら、テストをやって終わりだったかもしれません。でもけテぶれという勉強法がわかったので、いままでのやり方だと「あっまちがえがあった」で終わりだから今思うとしょうもないと思いました。(小4女子)

● ぼくは、この1年間でまなんだことを、一生つづけたいです。なぜなら、けテぶれが楽しいからです。
　けテぶれは、ノートがあれば、いつでもだれとでもできて、けテぶれを広めることも、できます。ゲーム式でもできます。たとえばポイント集めタイムもできます。だから、けテぶれは楽しいのです。
(小4男子)

☑ 保護者からの感想

- とても楽しそうにけテぶれに取り組んでいます。お友達の勉強方法の話などもしてくれ、いい意味での競い合いがあったり、わからない所を教えてもらったりなど**理想的な学びの姿**があるようです。私もこんな勉強方法で学習したかったなーとちょっぴり**羨ましい**です。(小4女子の保護者)

- 与えられた宿題をただするのと違い、**何のためにするのか、先の予定を見越して計画的に自分で進める学習**、とても良いと思います。**これからの時代を生き抜く力**につながるのだと思います。自分の意志で取り組むことが**学習意欲の向上**につながっていると感じます。またクラスのお友達と課題を共有することで良い刺激をいただけていると感じます。(小4男子の保護者)

- 先生との出会いは運です。私たちは、葛原先生と「けテぶれ」学習法に出会えてラッキーでした。

    「けテぶれ」に出会う前、娘は、大人しく座っていられるし、先生の話もきちんと聴く。けれど、テストになると全くできない。そんな子でした。とくに漢字はひどくて一桁台の答案用紙を持って帰ってきたこともあります。ですが今は、平均点以上は取るようになりました。

    漢字ができなかった頃、思い当たることがあり、娘に聞きました。「先生のお話はきちんと聞こえてる?」娘は、「聞こえなくなる時がある」と教えてくれました。「初めは聞こうと思っているけれど、だんだんつまらなくなってしまう」やっぱりそうかと思いました。授業が面白くないから、聞こえない。聞こえないから、覚えられない。覚えられないからテストの点が悪くなる…。3年の頃までの彼女は、そんな悪循環の中にいたのです。

4年生になり、「けテぶれ」に出会ってからは、状況が一変。帰ってくるなり机について宿題をするようになりました。苦手なはずの漢字も進んで学習しています。**「けテぶれ」は、自分のやり方で、自分の考えでできるから楽しい。**無限大なのーーーー！！！　娘はそう言います。

　3年生までの娘は、勉強を他人事に捉えていました。勉強は、先生や親がやりなさいというから、「やらなければいけないもの」。それでは身が入るわけがありません。けれど自分で工夫し自分で責任をもつ「けテぶれ」学習法なら、勉強は「自分事」になるようです。

　「けテぶれ」は生活面でも多分に応用可能です。**自分で考え自分で動く「けテぶれ」的思考を習慣にできれば、その子の人生そのものがきっと豊かになる**と思います。

　私たちは、「けテぶれ」学習法に出会えてラッキーでした。（小4女子の保護者）

- 今まで惰性でしていた宿題にとても意欲的に取り組むようになりました。習っていないこともどんどん進めてよいという方針は最初は正直、戸惑いもありましたが**自分でペースを作り、楽しく勉強を進められる**ようになり、本当によかったと思っています。（小4男子の保護者）

- 「けテぶれ」に取り組むようになってから、今までのようにただ単に漢字を練習したり計算ドリルをするという与えられたことをこなすだけの学習から、自分で材料を探す（辞書であったり家にあるテキストや本など）ことから始まり、けテぶれ通信をもとにお友達のやり方を取り入れたり、**たっぷりと時間をかけて工夫する**ようになりました。自分で考えてノートを仕上げていくことは今後の学習にとても役立っていくと感じています。（小4女子の保護者）

- けテぶれを知り、**100点が取れる**ようになりました。転勤族で全国に転校する可能性が高いので早めに全国に普及させてください。**どこの学校に転入してもけテぶれで学ばせたい**です。（小4女子の保護者）

- **自分の長所短所が分かる**ようになるので、苦手なものを克服するにはどうしたらよいかを自ら考えるようになり、**自己認識を深めるのに大変役立つ学習法**だと思います。理解する方法は1つではなくいろいろな方法があり**自分にとって有効な方法を自ら選べる**ようになりこれを機会に学習が楽しくなればよいなと期待しています。（小4男子の保護者）

- 今までは間違ったところをやり直しすることがいやでした。苦手意識がありました。目を伏せがちでした。でもなぜ間違ったかのかを**自分の間違いに向き合い**、取り組むことができるようになりました。理解できないところを**お友達に教えてもらえる喜び、教えてあげる楽しさ**も感じることができているようです。（小4男子の保護者）

- 「けテぶれ」で前向きに宿題に取り組めています。自分の状況を客観的にとらえることができ、**学習面だけでなく生活面においても役立っています。**（小4女子の保護者）

- 自分のやり方で向上しないときにクラスメイトのやり方をお手本にしたり**お互いにアドバイスをし合ったり**、子どもなりに考えて日々進めているようです。今まであまり話す機会のなかったお友達とも関わりあえた日には帰ってくるなりお友達自慢が始まります。（小4女子の保護者）

- 先生のクラスになってから宿題を楽しんでするようになりました。

集中力のない子が1時間も2時間も机に向かっている姿に驚かされています。今まで宿題をいやいやめんどくさそうにしていたのに、本当に楽しそうに取り組んでいます。社会のまとめなどから**普段の生活においても興味が出てきている**みたいで、**日々の生活も変わりつつあります**。マイナス面は、やり始めたら時間がかかり、見守るもの忍耐ですが…興味を持って学習している姿に先生の指導の賜物だなと感心しております。本当にありがとうございます。（小5男子の保護者）

- 与えられた宿題をただするのと違い、何のためにするのか、**先の予定を見越して計画的に自分で進める学習**、とても良いと思います。これからの生き抜く力につながるのだと思います。（小5女子の保護者）

- 宿題では**自分でやるべきことを考えて取り組んでいる**お陰で、以前いやいやこなしていた宿題も意欲的にするようになり助かっています。宿題というよりも学習という概念で計画しながら日々取り組んでいるようです。**友達とのやり取りも励みになっている**様子です。（小5男子の保護者）

こうして「けテぶれ」に取り組むと、学習が「先生にやらされるもの」から「自分で工夫して行うもの」に変わります。自分の学習を自分で考え、自分で実行できることはとても楽しいことです。けテぶれをうまくまわせるようになると、勉強が楽しくなってくるのです。毎年、学年末にアンケートを取っていますが、けテぶれで勉強が楽しくなったと答える児童の割合が9割を下回ったことがありません。

勉強が楽しいと思えること。これって人生レベルでとても素晴らしいことですよね。

だから僕は子どもたちに言います。

けテぶれは、一生使える力が身につく、と。

コラム2 どちらかではなく、どちらも。

　教育界はこれまで「系統主義」と「経験主義」という2つのイデオロギーの間を右往左往していました。

　「系統主義」とは、学問の系統性を重視し、教えるべきことを順序に従って教え、基礎的・基本的な知識技能を確実に身につけようとする教育観です。一言で言うと、「答えのある問いに、きっちりと答えられるようにしよう」という考え方ですね。対して「経験主義」とは、学習者の興味関心を重視し、生活経験に基づく学びを目指す教育観です。一言で言うと「答えのない問いに、自分なりの答えを出せるようにしよう」という考え方です。

　日本の教育は古くからこの2つのイデオロギーの間を振り子のように揺れ動いてきました。教育にはゆとりが大切だと主張されたかと思えば、その数年後には学力テストの点数に日本中が躍起になり始める。なぜどちらかに決められないのでしょうか？　答えは簡単。この2つのイデオロギーは、どちらも大切だからです。だから、**どちらの考え方も同時に実現する方法**を考えなければならないのです。

　「けテぶれ」の目的は「自分なりの学び方を身につける」ことです。これは自分の経験からしか答えは見出せませんから、生活経験に根ざした答えのない問いに、自分なりの答えを見出すことになりますよね。経験主義的です。ではその答えをどうやって求めるのかと言えば、テストで合格点を取ろうとする学習努力の中から紡ぎ出すのです。この学習努力の中で、確実に知識技能が身につきます。答えのある問いにしっかりと答えることができるようになるのです。

　つまり「けテぶれ」は、**学力の定着を目指す努力の中で、自分に合った学習の形を見出していく**という構造を取ることによって、「経験主義」と「系統主義」が目指した教育のあり方を、矛盾することなく、同時に実現することができる学習方法なのです。

第2章

これが
「けテぶれ」だ！

「けテぶれ」は自分なりの学び方を獲得する効率的な学習法

目標を見通した学習計画で、毎日の学びを深める！

☑ 「けテぶれ」の大小２つのサイクル

「けテぶれ」には大小２つのサイクルがあります。

「小サイクル」とは、その日やるべきことを見出し、学習内容を決め、実行していくという毎日まわすサイクルです。ここにおける「けテぶれ」とは**計画**でその日のめあてを宣言し、**自分で****テスト**をしてみて実力を確認し、**分析**で課題を確認し、**練習**で乗り越えるというものです。この４つの過程の質を日々意識し、日々の学び方の質を上げていきます。これは毎日学び（点）をより深くしていこうとするイメージです。

「大サイクル」とは、数日または数週間のスパンで学習を見通すサイクルのことです。ここでの「けテぶれ」とは、計画で学校で行われる小テストや大テストまでの学習計画を立て（これを**大計画**と呼びます）、実際に学校で**大テスト（小テスト）** を受け、分析ではテスト日までの学習の質を分析し（**大分析**）、次のサイクルにつなげるという中長期のスパンでまわすサイクルです。これは大テスト（小テスト）までを見通した学習を線と捉え、毎日の学習（点）をより計画的に無駄なく実行していこうとするイメージです。

このようにけテぶれでは、小サイクルと大サイクルを意識しながら、日々の学び方の質とともに、中長期的な学び方の質の向上もねらいます。ここでも「どちらかではなく、どちらも」の構造がありますね。

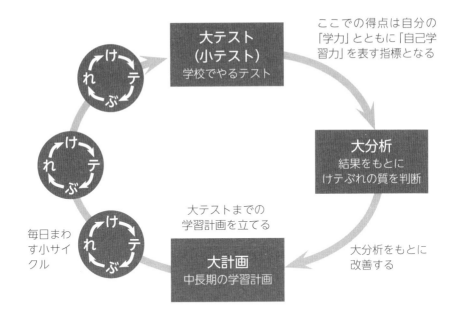

二者択一ではなく、相乗的にどちらの質も上がっていくように意識できるとよいでしょう。

☑ 「けテぶれ」は大小2つのサイクルの どこからでも始められる！

　こういう図を見てしまうとどこから始めたらいいのか迷ってしまいますよね。ご安心ください。**けテぶれのサイクルはすべてつながっています**。すなわち、どこから始めても、けテぶれのサイクルはまわり始めるのです。

　けテぶれを実践している先生の中には、「大分析」から導入したという方もいらっしゃいます。大テストの点を見て、「どうすればもっと効率よく勉強ができたかな？」という問いかけから始めるのです。

　僕は、けテぶれを考案してから2年ほどは小サイクルのみで実践していましたが、今は小サイクルをひとまず全員でやってみて、徐々に大サイクルの必要性に気づかせるという方法をとることが多いです。

第2章　これが「けテぶれ」だ！　　57

単にサイクルを まわすだけではだめ！

「目標」と「目的」に対する合意形成が大切

✔ 目標がなければ「けテぶれ」はまわらない！

前項では大小２つのサイクルについて説明しましたが、ただサイクルをまわすだけでは自立した学習者にはなりません。このサイクルを有効に回すためには、どこを目指すべきなのかという

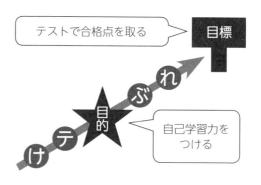

「目標」と、それにどのような「目的」があるのかを明確に示さなければなりません。

「けテぶれ」における「**目標**」とはテストで合格点を取ること、「**目的**」とは自己学習力をつけることです。

「テストで合格点を取ること」という目標は、一見ドライで、浅い目標に感じられるかもしれませんが、**テストの点数ほど客観的で具体的なフィードバックはありません**。計画➡テスト➡分析➡練習、その地道な繰り返しの中で点数が少しでも上がれば、満足感を得られます。そんな自分の小さな進歩も可視化してくれるのがテストの点数なので

す。だからこそ、「自己学習力」を測るための指標の1つとしてテストの点は非常に有効に作用します。

☑ 「なぜ目指さなくてはならないのか」目的と意義を教師が説明する

具体的な目標を提示した上で、子どもたちにけテぶれに取り組む目的とその意義を説明します。

> けテぶれに取り組むと目標に向かって自分で学習する力が身につきます。この力は、中学校・高校へと進学するにつれて非常に重要になります。さらに「目標に向かって自分で学習する力」は「自分で自分の能力を伸ばす力」と言い換えることができます。この力は、大人になっても必ず役に立つ。
> つまりけテぶれで身につけた力は、一生使えるのです。だから、けテぶれを使って、目標を達成できるように努力し、その方法を学ぶことはとても価値があることなんですよ。

これまで述べてきたとおりですね。

けテぶれとはPDCAサイクルのような社会で広く使われている自己改善サイクルにもつながる学習法です。だから、けテぶれでねらうのは「**自己改善サイクルを回すことによって、現状を目標状態に近づける能力の獲得**」ということになります。この力は、大人になっても役に立ちます。

つまり、けテぶれとは「**テストの点という客観的で明確な目標に向かって、計画➡テスト➡分析➡練習という学習努力を積み上げる過程で、自己学習力を育成する**」という教育方法なのです。

では次のページからは、より具体的にけテぶれの中身を見ていきましょう。「小サイクル」と「大サイクル」の具体的なまわしかたを紹介します。

けテぶれの基礎となる小サイクル

けテぶれの基本！ まずは小サイクルを着実にまわそう！

 小サイクルは毎日まわす！

● 小サイクル 〔家で毎日やる！〕

- ●計　画：**その日のめあてを書く**
  ○○だから□□をする！という書き方が望ましい

- ●テスト：**自分で自分の実力確認をする**
  正確で厳しい**丸付け**ができるように。間違いは宝物

- ●分　析：**テストの結果を分析し、苦手を見出す**
  よくできたときは、自分を思いっきりほめる

- ●練　習：**苦手に応じた学習する**
  読んで覚えたり絵を描いたり、**多様な学習法**を認める

　これがけテぶれの基本。まずはこのサイクルを着実にまわせるように指導します。その日の学習のめあてを自分で設定し、自分の学習課題を見つけ、日々それを乗り越えようと努力する。毎日繰り返すことで、自力学習のサイクルが高速回転します。

☑ 「計画」って数日にわたってやるものではないの？

小サイクルにおける「計画」とは、その日の学習の「めあて」です。まずノートの１行目に「計」と書き、その日のめあてを書く。この時目指したいのは、「明日学校でテストがあるから、苦手な５ページの問題をやっておく」といったように、根拠をもってその日の学習を選択する姿です。

☑ 自分で丸付けをするから、乗り越えたくなる

「計画」の次は「テスト」です。ドリルの問題が載っているページを見て、**自分で**ノートにテストをしてみて、**自分で**丸付けをします。自分の間違いを見つけることができれば、「なぜだろう」「どうすればいいのだろう」という思考が促され、「こうすればいいんじゃないか？」という仮説が立てば、「やってみよう！」となります。「計画➡テスト」までいけば自然と「分析➡練習」と思考が連続し始めるのです（この思考が働く前に挫折する子についてはP126参照）。

☑ 自分で選び、自分でやる学びへの入り口

この小サイクルが安定してくると、**勉強に対する意識が変わってきます**。学ぶこととは言われたことを言われたとおりに再生することではなく、自分で決めて自分で積み上げるものなのだ、と。そしてそうやって**学ぶことは、とても面白い**ことなのだ、と。学びを自分でコントロールできるようになることで、学びに向かう主体性が育ってくるのです。はじめは「単純な計画（めあて）」と「自分でのテスト、丸付け」です。そこから生じる改善の「必要性」が、徐々に子どもたちを自立した学習者へと育てていきます。

小サイクルのまわし方①
計画

その日の学習を見通してめあてを文字にする

☑ 最初に計画を立てよう！

　学習者が最初にすることが、この「計画」です。ここでの「計画」とは単に「学習のめあてを設定すること」です。具体的には以下のようなものです。

　①その日の学習の意気込みを書く
　②その日やることを具体的に書く

　なぜこれをするかというと、はじめにめあてを書くことで、自分のやることが明確になるからです。そもそも、めあてを書くには考える必要が出てくるので、「今日は何をしようかな」「自分はどこが苦手だったかな」と、子ども自身が考えるようになります。

☑ どんなことを書くといいの？

　たとえば、「分数の割り算が苦手だから、ドリルの 12 ページをする」というように、「〇〇だから□□をする」という書き方がいいですね。根拠をもってその日の学習のめあてを書けるとよいと伝えましょう。

　かといって、こういう書き方だけが正解で、全員がこうするべき、というのではありません。「字をきれいに書く」や、「一生懸命する」といった計画も認めています。学習を見通して、めあてを文字にする。それだけでいいのです。

そのうちに、根拠をもって学習課題を見定めるべきだなぁ、という「必要性」が自然と子どもたちに芽生えてきます。

✓ 何を書けばいいかわからない！という子には…

「計画」をどう書けばいいかわからない子には、学習の意気込みを「感情を表す言葉」で書くようにアドバイスをすることがあります。「自分がどんな気持ちで取り組もうと思っているか、その気持ちを書いてね」と。

学ぶということは、感情と無関係に淡々と取り組むもののように思いがちですが、実はものすごく感情に左右されています。新しいことに出会うのはワクワクするし、できないことに取り組む時はイライラします。めげそうな気持ちも出てきます。

それを乗り越えるパワーを出すぞ、と気合いを入れることができるのは、やっぱりその「気持ち」を表現するからだと思います。学ぶということは、感情なしには取り組めないものなんです。

こうして学習のはじめにその日の学習のめあてを「論理的に」もしくは「感情的に」表現することによって、次に続く「テスト」の質を高めます。無思考にテストをするのではなく、どんな目標で、どんな気持ちでテストに臨むのか。それを文字にすることは、想像以上に大きな効果を生みます。

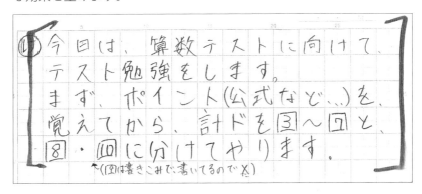

小サイクルのまわし方②
テスト

自分の実力を知るために、問題を解き、自分で採点する

✅ 今の実力を確認！

　小サイクルの「テスト」では、自分の実力を測るために**自分で自分をテストします**。漢字の学習ならば、ひらがなを見て漢字に直せるかどうかを**自分で試す**ということです。問題と答えがある計算ドリルや漢字ドリルで行うのが最も取り組みやすいと思います。

　自分で問題を解き、自分で丸付けをする。一見簡単そうに見えますが、これが意外と難しい。自分にきびしく、正確に丸付けができるようになること、これが「けテぶれ」における第一関門です。

✅ はじめは漢字ドリルから！

　最初、子どもがけテぶれの基本的な流れを理解するには、漢字ドリルを用いることがおすすめです。

　初日、授業で１時間やり方を説明した日に出す宿題は、「来週の漢字テストに向けて、漢字ドリルの●ページ１ページ分について、自分でテストをして、分析、練習をしてきましょう」などと指定します。次の日からは本人に任せます。任せると、漢字ドリルを自分へのテストとして２ページやってくる子や、半ページの子などが現れてきます。それぞれがどんな分量でやってきているのかをクラス全体でシェアして、どんな分量でも「よくやってるね！」と認めましょう。すると、

子どもたちは分量が完全に自分に任されていることがわかり、どんな自由度でけテぶれをやっていけばいいのかがわかってきます。

たとえテストが1問であっても、その子が自分のできないところを乗り越えようとする1問であればいい。逆に、50問やろうとも、ただ書いて適当に丸付けをしているだけではなんの意味もないのです。目標は、次の週に行う漢字の小テストで合格点を取ることですから。それがけテぶれです。

☑ 「間違いはかっこ悪い」という意識を変えよう！

「けテぶれ」において正確に丸付けができることは非常に重要なスキルです。正しい採点ができないと、その後の分析、練習にはつなげられません。しかしこれが子どもたちにとって難しい。**間違いにこそ自分の成長のチャンスが有る、という認識が無い**ために、本当は間違っている問題に丸を付けてしまいます。

今までの学校生活では、「間違い＝恥ずかしいこと」という価値観で過ごしてきてしまっている子が多いです。だから、子どもたちは無意識的に間違いを見過ごし、丸を付けてしまうのです。

けテぶれは「テスト」で終わりません。テストの後は「分析」「練習」と、失敗した後にその失敗を成長のタネとして学び続ける学習法です。間違えた箇所こそが宝で、そこを学ぶことこそが成果を生む。こういう経験をして初めて子どもたちは「失敗」に価値を感じるようになります。

「**間違いは宝物。磨けば磨くだけ輝く**」。子どもたちには常にこのことを意識させてください。この態度が、正確に丸付けをしなきゃ！という意識を育みます。合言葉は「間違いは宝物！」です。

こうして自分の弱点を客観的に見つけ出すことができるようになると、「テスト」の後に続く「分析」の質が上がっていきます。

小サイクルのまわし方③
分析

テストの結果を分析し、課題を見出す

まずは何でも思ったことを書くことから始めよう!

　ここでは自分で行ったテストの結果を分析します。間違いの原因を探り、解決策を考えるのです。これは少し難しそうですよね。

　だからまずは**テストの結果を受けて考えたこと感じたことを何でもいいから書く**、というところから始めましょう。

　「くやしい!」の一言でも OK。本当に何でもいいのです。頭の中に出てきたことを文字にしてしっかり捕まえることが大事です。「けテぶれ」の「分析」では、**思考を文字にすることの習慣化**が大きな目的の1つなのです。

　文字に書くことによって、「ああ今自分は悔しい気持ちなのだな」と客観的に認識でき、「なぜ悔しいのだろう」「どうすれば悔しい気持ちを乗り越えられるのだろう」と思考がつながっていきます。

　これは目標に向かって努力するためにとても重要で

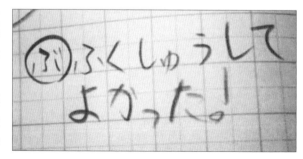

す。けテぶれでは毎日自分の学習や気持ちと向き合いますので、この「メタ認知」（P32参照）の力がとても高まります。

☑ 自分の成長にも目を向けよう！

　テストの結果を分析しようとすると、どうしても間違えてしまった問題や、わからなかった問題に目が行きがちです。実力を上げるためにはもちろんその視点は重要なのですが、そればかりだと気が滅入ってしまいますよね。

　分析の時には自分ができるようになったことにも目を向けるように言ってあげましょう。自らの成長に自分で気づき、自分で認められることは、自立した学習者になるためにとても大切な能力です。

☑ テストで100点！分析で書くことがないという時にも…

　自分で「テスト」をやってみた結果100点だった時、子どもたちは分析に書くことに困る場合があります。そんな時にこそ、「自分を思いっきりほめる」という視点を与えてやってください。「天才！」とか「完璧！言うことなし！さすがオレ！」など。ポジティブな言葉を文字にすることによる心理学的な効果はたくさん報告されています。

☑ 間違いを分析する時のポイント

　自分の間違いを分析する時には、原因を自分がとった「方法」に求めるようにしましょう。自分の「能力」に原因を求めてはいけません。自分は頭が悪いからとか、自分は集中力がないから間違えたなど、能力的なところに原因を求めてしまうと、学習に逆効果です。

　うまくいかなかった原因は能力ではなく、方法にある。そのためには自分の間違いを分析する視点が必要です。僕は間違いを5つに分類して子どもたちに伝えています。次のページで詳しく見ていきましょう。

小サイクルのまわし方④
分析〜間違いの5分類

漠然としているものは切り分けて、名前をつける

☑ わからないものは「分ける」と「分かる」

　テスト結果を見て、なぜ間違えたのか、どうすればよかったのかと分析することは、子どもたちにとってなかなか難しいものです。そこで分析の視点を与えます。コツは「分ける」ということ。
　わからないものは、分けると分かるのです。
　「分析」という言葉自体も切り分けるという行為を指します。

☑ 間違いの5分類

　テストのミスは「問題を読む段階」「問題を解く段階」、このどちらかの段階で起こります。
　「問題を読む段階」のミスは「読んでも意味がわからない」か「読み間違い」です。**「問題を解く段階」のミス**は「考えても解き方がわからない」か「ケアレスミス」という2パターンがありえます。
　さらにこれら4種類以外のミスのパターンとして「時間がなくてできなかった」が考えられます。それは「時×（じばつ）」としています。
　テストの問題を間違える時は、たいていこれらのパターンのうちのどれかです。だからここに名前をつけて右の図のように認識しやすくしています。

間違いの分類

読む
- 問題の意味がわからなかった
- ちゃんと読んでなかった

解く
- わからなかった
- わかってたのに間違えた
- 時間切れ

 間違いを分類すると、自分のミスの傾向が理解できる

　僕は子どもたちに、「2系のミスはケアレスミスだから、あまりに多すぎなければOK。あなたは力はついてちゃんとできてるんだよ。できてることにフォーカスしようね」と言っています。

　ただ、「1系のミスが多かったら、あなたの今までのけテぶれでの学習が甘いということだよ。読1、解1の1系がないかを注意して見ていこうね」と伝えています。また、時×は学習量の不足です。できるようになった問題は、たくさんやって「慣れる」ことも大切です。

　自己分析に熟練してくると、本当は「解1」なのに、「解2」だったとごまかしている自分に気づき、正そうとする努力なんかも見せてくれるようになります。

　自分のミスに向き合えるようになると、「自分に今最も必要な学習」が見えてきます。これが次の「練習」の質を上げるのです。

第2章　これが「けテぶれ」だ！

小サイクルのまわし方⑤
練習

苦手を乗り越えるための方法を工夫する

☑ 苦手がわかれば
それを乗り越える方法を工夫しよう！

　「計画」でその日の学習を見通し、「テスト」で自分の実力を測り、「分析」でその原因を見定めたのなら、最後は「練習」です。苦手を乗り越えられるように、間違えた原因に合った練習方法を選び、もしくは考え出し、苦手の克服をねらいます。

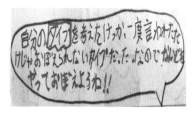

☑ 固定化した「勉強観」を破壊せよ！

　ここで第一にねらいたいのが、「勉強観」の破壊です。画一的な教育を受けてきた子どもたちにとって、勉強とは先生が指定したやり方を正確に再現する行為であると認識していることが多いです。先生が言っていないことは認められない、そんな環境では学びに対して非常に臆病になってしまいます。これはしていいのかな？　どうすれば認められるかな？…と自分の発想を押し殺し、先生の指示の枠に自分を押し込めようとするこの価値観を破壊することが、ここでのステップです。

　やり方は簡単。クラスの中で今までの勉強観から飛び出した学びを

してきた子を取り上げて、ほめまくるだけです。ファーストペンギンが出てくれれば、あとは雪崩式に子どもたちの豊かな学びが開花し始めます。ある子は漢字のイメージを絵で書いたり、4コマ漫画にしたり、意味調べをしたり、クロスワードパズルを作ったり。本当に多種多様。他教科では絵や図に表したり、インターネットで調べたページを印刷して貼り付けたり、赤フィルムで消えるペンを活用したり。子どもたちが学びの海を自由に泳ぎ回る姿が見られます。

☑ 名前をつけると楽しくなる♪

　自分なりの学習方法を考えたら名前をつけてみましょう。名前をつけるとその概念が固定化され、広がりやすくもなります。僕のクラスでも、これまでに「ゲーム法」「イラスト法」「吹き出し法」「歌記憶法」「キャラクター法」など、たくさんの方法が発明されました。

　同じゴールに向かう手段をたくさん持っていることは、学習のマンネリ化を防ぎ、モチベーションの維持にも効果的です。気分に合わせて洋服を選ぶように、その日の学習を選択できれば楽しいですよね！

☑ 質と量を意識してみよう

　ここで子どもたちが気づくのが、学習の「質」と「量」という側面です。いくらたくさんノートのページを使っても、そこに「質」の高まりがなければ実力はつかない。もしくは、いくら「質」の高い学習をしてもそれが1日で終わってしまっては実力はつかない。

　「質」を高めるには、「分析」の段階で鋭く自らの学習課題を洞察しなければなりません。「量」を増やすには、強い心で自らをコントロールできるようにならなければなりません。学習者として成長してくると、こんな気づきが生まれ始めます。この気づきが、「計画」の質を高めるのです。

　こうして、**けテぶれの小サイクルは、各過程が次の過程に影響を与えながら回っていくのです。**

子どもたちのユニークな学習方法のノート！
マンガで勉強

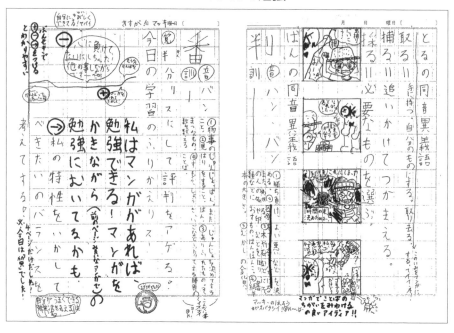

曜日でコントロール

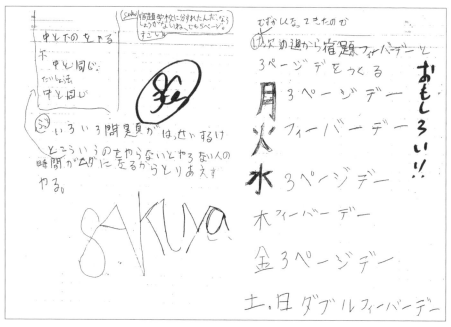

やる気がでないときのやり方

マインドマップで考える

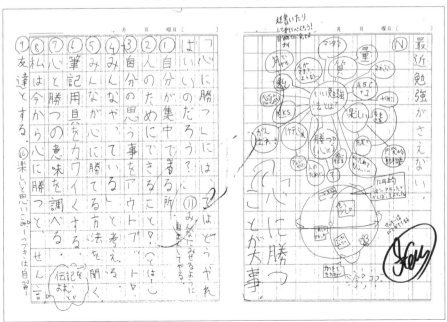

大サイクルで自らの学習法に鋭く向き合う！

学習を長期スパンで見つめ、努力の積み上げ方を学ぶ

☑ 大サイクルは必要に応じて使う！

● 大サイクル

- **大計画**：**テストの日をふまえて学習計画を立てる**
  習い事などもふまえて、実行できる計画を目指す

- **大テスト**：**学校でテストを受ける**(小テスト・単元末テスト)
  先生は実施する日をできるだけ早く知らせる

- **大分析**：**テストの結果と自分の学習方法を関連付けて自分の学習方法を改善するために考える**
  ルーブリックで自分の学習方法を自分で評価する

大サイクルとは、学校で行われるテストの日までの学習計画を立て、テストの結果から、その学習計画や日々の小サイクルの質が有効だったかどうかを考えるという長期的なサイクルです。学校で行う「大テスト（＝単元テスト、学期末テスト）」や「小テスト」を起点として、徐々に子どもたちに紹介していきます。

☑ 大サイクルはどこから始めればいい？

　おすすめは「大分析」からです。学校で大テストや小テストが終わった後すぐのタイミングで行ってみてください。日々頑張って小サイクルを積み上げてきた子どもたちにとって、本番である学校でのテストの結果はとても気になるものです。テストの返却時は、教室に喜びの声や悔しがる声が響きます。このタイミングで自分のやってきた学習を振り返らせてください。毎日めあてを持って学習できていたか、丸付けは甘くなかったか、分析は浅くなかったか、練習は効果的だったか。自分のテストの点がその質を教えてくれます。ここでの思考は非常に大切です。

☑ 大分析が大計画の必要性を生む

　大テストまでの学習計画(大計画)を立てず、小サイクルだけを積み上げた場合、すべての学習範囲を網羅しきれていなかったり、テスト日までに学習が間に合わなかったりすることがあります。大分析でそこに気づけば、自分には大計画が必要だという意識が芽生えるのです。すべては「必要性」から生み出されます。

☑ 大計画からモチベーションコントロールの難しさに出会う

　大計画を立てることにした子どもたちが次に出会うのが、計画通りに学習を進行させる難しさです。意気揚々と計画を立てたはいいが、それを実行できずに失敗する。これは学習計画でありがちなミスですよね。子どもたちはこういう失敗からも大きな学びを受け取ります。

　こうして、徐々に自己学習のステージを上げていきながら、自立した学習者へと向かう。「大サイクル」をまわすと、このような学びが生まれます。

大サイクルのまわし方① 大計画

テスト日までの学習計画を立てる

☑ 大計画は必要な時に必要な分だけ！

「大計画」とは単元テストや学期末テストなどの大きな範囲のテストについて、テスト日までの１週間とか、２週間の学習をスケジューリングすることです。全員には強制せず、この存在を知らせ、必要性を感じた子が必要な時だけ使うということになります。

使えるようになると、「漢字の大テストが２週間後に迫ってきたから２週間の大計画を立てよう！」とか、「習い事との兼ね合いを考えて、見通しを立ててみよう！」など必要に応じて使っていきます。

☑ テスト日と範囲は最低１週間前に告知

ゴール地点がわからなければ、学習計画は立てられません。テスト日とテスト範囲は必ず事前に知らせてあげましょう。僕は基本的に１か月前から知らせています。

☑ 「大計画」は立てた後が難しい！

高学年になれば大計画を立てること自体はそんなに難しくはありません。見通しを持った学習が大切だと感じると、すぐに翌週１週間程度の学習計画を立てることはできます。

難しいのは、その計画をきっちり遂行することです。計画を立てた

はいいが、まったく遂行できずにテスト日を迎えてしまう、という失敗を多くの子が経験します。

　そこで、余備の日をとる、範囲を２回繰り返せるような計画にする、全範囲を網羅した後に苦手をつぶす日を数日設けるなど、計画の立て方のコツを徐々に教師から子どもたちへシェアしていきます。

☑ 実際の「大計画」を見てみよう

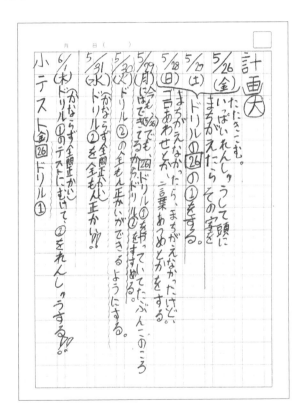

　苦手な箇所を抽出し、そこを意識した学習計画を立てています。日々の「けテぶれ」でこれができていると、大計画がしっかりと立てられます。**大計画の質を決めるのは、日々のけテぶれの質なのです。**

大サイクルのまわし方②
小テスト

こまめで客観的な現状把握は自己改善の必要性を喚起する

☑ テストの前に語ること

　大サイクルの中での大テスト・小テストとは、**学校で教師が実施するテストのことを指します。**

　普通、学校で行われる大テストや小テストは、その教科の理解度を測るために行います。テストの結果はその子の「学力」を表します。

　しかし、子どもたちが「けテぶれ」のサイクルを使って、自分で学習を積み上げた上で行う学校のテストの点は、その子の「学力」だけを表しているのではありません。その日まで自分は学習をきっちり積み上げることができていたか、ということも確認できます。つまり学校でのテストの結果は、その子の「**自己学習力**」を表す指標にもなるのです。

　以上のことを子どもたちにも十分に理解させなければなりません。テストを行う前や後には、このことを丁寧に語ってあげてください。学校で行うテストは自分が今まで培ってきた「自己学習力」を発揮するためのステージなのです。そのことを子どもたちが理解した時、**テスト前には教室の緊張感がとても高まるようになります。**子どもたちがテストの価値と意味を受け取ったのです。

☑ 小テストは練習試合

　大テストが「公式戦」だとすれば、小テストは「練習試合」です。毎

日の小サイクルの「テスト」は自分で自分に出すテストですが、大サイクルでの大テストと小テストは、先生が全員に一斉に行うテストです。小テストの頻度は1週間に1回程度です。

　小テストは10問ほどの簡単なテストでいいので、ぜひやってほしいところです。テストによって宿題への取り組みの質が可視化します。

　テストができなければ、日々のけテぶれの質に問題があるということです。**こまめな現状把握は自己改善の必要性を喚起します。**自分の学習の質を振り返る機会は多い方がいいですよね。

☑ テストはすぐに返却すべし！

　早ければ早いほどいいです。鉄はアツいうちに打つ。必死に努力してきた結果がどうだったか、子どもたちはとても知りたがっています。できるだけ早く採点し、返してやってください。

　何日も経ってから返されたのでは、そこまでの努力の記憶も薄れてしまい、点数もどうでもよくなってしまいます。僕は通常、テストはその日のうちに返します。そして、返した直後に「大分析」です。

☑ 小テストでの失敗を取り戻す
　再チャレンジの場を設定しよう！

　失敗を失敗のまま終わらせないために、小テストは同じテストを2日後にもう一度やります。取り戻すチャンスがある、やり直せるという状況が、子どもたちの意欲を駆り立てるのです。再テストというとネガティブなイメージがありますが、そこに向かって一生懸命努力した子たちにとってはミスを取り返せるとてもワクワクするステージなのです。テレビゲームでも一度失敗したらもう一度同じステージにチャレンジしたくなりますよね。

　また、先生に余裕があればこの再テストの時に、発展問題編も作ってあげると、1回目の小テストで100点だった子も意欲的に取り組めます。

大サイクルのまわし方③
大テスト

実力確認の場。けテぶれの質が試される

☑ 大テストは公式戦!

　単元テスト、学期末テストという大テストは、スポーツの公式戦と同じです。事前に実施日を知らせ、精一杯準備させてあげましょう。ここに向かう努力の量が大きければ大きいほど、そこからの学びも大きくなります。全員で決まった時間に一斉に取り組むことで緊張感を生み、失敗や成功を体験させることができます。この経験がその後の学習サイクルを回すエネルギーを生むのです。テストは自分の「**学習力**」を発揮するステージである。その意識が高まれば高まるほど、テスト前に心地よい緊張感が教室を包むようになります。

☑ 大失敗が大きな学びを生む!

　小テストはだいたい1週間分程度の学習内容を問うものが多いです。それに対して算数の大テストは数週間分の学習内容を問うものになります。さらに、漢字のまとめテストでは、1学期分の学習内容の定着度が問われます。テストの範囲が広くなるほど、そこに向けて自分で学習を積み上げることは難しくなります。**子どもたちはどこかで大失敗します**。最も多いのが学期末に行う漢字のまとめテストです。こういう大失敗のタイミングこそ、子どもたちが学習観をアップデートする絶好のタイミングなのです。即座に、次項の「大分析」を行い、

自分の「学び方」を改善するための思考を促します。

☑ 長期休みの宿題もけテぶれで!

　小テストにおける再テストと同じように、大テストでも失敗から得た気づきを活かす場を用意するとさらにいいです。

　学期末に漢字の復習大テストをしたのなら、長期休み明けに算数の復習テストを設定するのです。漢字で失敗した1学期分のテスト範囲に、今度は算数でチャレンジするのです。期間は夏休みなら1か月。子どもたちの自己学習力を測るためにも、長期休みに「けテぶれ」を自分でまわすという経験をさせることはとても有効です。

　出し方は簡単。「新学期に復習テストをするから、そこで合格点が取れるようにけテぶれをまわしてきましょう。それが宿題です」と言うだけです。「ノート●ページ以上!」などの指定はしません。目標はあくまでもテストで合格点。そのために必要な学習は、子どもたちそれぞれで異なります。

4〜7月 テストスケジュール (例)

月	1	2	3	4	5	6	7	8	9	10	11	12	13	14	15	16	17	18	19	20	21	22	23	24	25	26	27	28	29	30	31
4月	月	火	水	木	金	土	日	月	火	水	木	金	土	日	月スタート	火	水	木	金	土	日	月漢テ①	火	水	木漢テ①再	金	土	日算大テ	月	火	
5月	水	木	金	土	日	月	火漢テ②	水	木	金漢テ②再	土	日	月漢テ③	火	水漢テ③再	木	金算大テ	土	日	月	火漢テ④	水	木	金漢テ④再	土	日	月修学旅行	火修学旅行	水	木	金
6月	土	日	月	火漢テ⑤	水	木漢テ⑤再	金	土算大テ	日	月漢テ⑥	火	水漢テ⑥再	木	金	土	日漢テ①②再	月	火漢テ①②再	水	木	金	土漢テ③④再	日	月漢テ③④再	火	水算大テ	木	金	土		
7月	月	火漢テ⑤⑥再	水	木漢テ⑤⑥再	金	土	日漢大テ	月	火算大テ	水	木	金	土	日	月	火	水	木	金	土	日	月	火	水	木	金	土	日	月	火	水

※図中の言葉:漢テ=漢字テスト、算大テ=算数大テスト
　　　　　再=再テスト(なお、再テストの時は、前回満点だった子のために次の単元の漢字プリントも用意して、選べるようにしている)

大サイクルのまわし方④
大分析

自分の学習方法を見つめ、改善する

自分を見つめ、次の一歩を考える時間

　「けテぶれ」の中で最も大きな学びが生み出される大切な時間です。テストの結果と、テスト日までの学習努力を照らし合わせて、自分の学習の量や質を分析します。大テスト・小テストを返したその日に、「大分析」をする時間をとってあげてください。鉄はアツいうちに打て。冷めたテストは美味しくありません。

学力と自己学習力の２つを意識

　けテぶれでは**学力**のみならず、自分で学習を積み上げる「**自己学習力**」の向上を図ります。だから、余裕で100点を取った時と、はじめ20点だった学力を必死で頑張って60点まで上げた時では、自己学習力を評価するのは後者です。円柱の体積を求める公式は大人になれば使わない人もいるかもしれませんが、「自分の苦手から目をそらさず、乗り越える」という「自己学習力」は一生使えるからです。

　得点という「学力」の指標に安住せず、その得点をどうやって獲得したかという「自己学習力」に着目する。これは学びの海を自分で泳いだからこそできる思考です。学びの海を自由に泳ぎ、充実した人生を送る力をつける。そのためにこそ、今、学び方について考えるのです。

☑ 実際の「大分析」を見てみよう

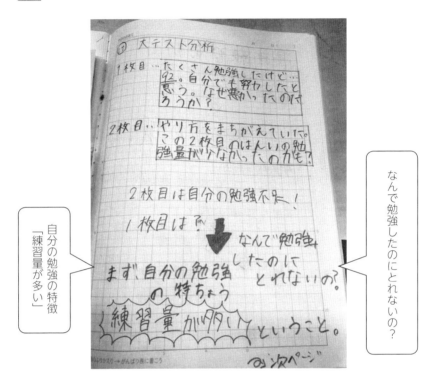

 たくさん勉強したのに、点数があまりよくなかった。自分の学習を振り返ると、量をたくさんするという勉強をしている。この子は、こういう気づきから、勉強の「質」ということに着目して、思考を深めていきました（次のページへ続く）。とても頼もしく、本質的な思考ですね！

大サイクルのまわし方⑤
大分析の視点

わからないものは「分ける」と「分かる」

☑ 大分析の視点

　小サイクルの「分析」ではその日の学習について分析しました。大サイクルにおける「大分析」では自分の学習努力を長期スパンで分析します。これはさらに難しい。だから対象を分析する視点を示してやることが有効です。ここではその視点を2つ紹介します。

☑ 「＋、－、→（プラスマイナス矢印）」

　まずは入門編です。この切り口は、よかったところ、悪かったところ、それらを踏まえてこれからどうするのか、という3点です。この切り口のいいところは、1つ目は対象の「ポジティブな面」にも目を向けられることです。テストの結果を分析するとなると、どうしてもネガティブな面ばかりに目が行ってしまいます。できないことばかりを考えていると、気が滅入ってきますよね。自分の成長にも気づきにくい。だからこそポジティブな面にも気づかせる手立てが有効なのです。子どもたちには、「冷静に分析した後は、存分に自分をほめてあげましょう」と言います。

　この切り口のいいところの2つ目は、「→（矢印）」によって「これからどうすればいいか」という方法論まで、具体的に思考できることです。ただ感想にとどまるのではなく、次の具体的な一歩を見出す。こ

れによって、子どもたちは歩みを止めることなく、トライアンドエラーを積み上げることができます。

　切り口の記号化もおすすめです。「＋、－、→」の読み方は、「プラスマイナス矢印」です。名前をつけておくことで、「さぁ分析しましょう。プラスマイナス矢印をしっかり書きましょうね」と言えばOKです。子どもたちは学習努力という漠然とした対象を3つの視点で分析し、思考を重ねることができるようになります。

　この切り口は簡単である分、質的な深まりはそれほどありませんが、汎用性がとても高いです。掃除を振り返る時、授業の学びを振り返る時、運動会の練習を振り返る時。いつでも「プラスマイナス矢印」の視点が使えます。

☑「けテぶれルーブリック」

　大分析の質的な高まりを目指すには、「けテぶれルーブリック(P88)」を使うのがおすすめです。わからないものは、分けると分かる。計画、テスト、分析、練習の各過程をS〜Cの4段階に分け、自分のけテぶれの質を判断することができます。

　88ページのルーブリック表を印刷してノートに貼らせると、大テスト後の大分析の時だけでなく、日々のけテぶれの最後にこのルーブリックで自分の学習を振り返ることも可能になります。

　ルーブリックの枠に余白があるのは、各評価基準を自分で設定し直すことを推奨しているためです。けテぶれに慣れてくると、このルーブリックのSを簡単に取れるようになってくることがあります。そういう時はSの基準を自分で設定し直すのです。

　目安はSは限界まで頑張ってとれるレベル、Aはよく頑張った時、Bは普通に取れるレベル、Cは自分でサボったなぁと思うレベル」としておくと、考えやすいですね。

大小2つのサイクルは
みんなでまわす！

自立とは依存先をたくさん持つこと

☑ けテぶれのサイクルは1人ではまわせない

　これまで「けテぶれ」の小サイクルと大サイクルについて紹介してきました。当たり前ですが、これらすべてのサイクルをはじめから完璧にまわせる子はまずいません。どこかでつまずき、サイクルが止まってしまいます。そのつまずきを乗り越えようと考える時、その子の成長が始まるのです。が、すべてを1人で乗り越えろ、というのはあまりにも厳しいですよね。

　そこで友だちの力を借りるのです。「自立とは、依存先を多く持つこと。」よく言われることですね。自立した学習者になるためには、**他者の力をうまく自分に取り入れられるようになる**ということも、非常に大切なのです。だから教室では、クラスメイトの学習のアイディアに触れられるような機会を多く設定します。僕の場合は大きく分けて2つの機会を設けています。

☑ 先生が価値付けて、広げる！

　1つ目が「けテぶれ通信」です。これは簡単に言えば「学級通信」のようなものです。子どもたちのノートを写真に撮り、簡単にコメントをつけて、クラスに配付します。詳しくは102ページをご覧ください。とくにけテぶれの初期、どの学習方法が有効かまだ子どもたち自身で

判断できない時などは、毎日のように発行します。

☑ 友だちのよさを受け取り、広げる！

　２つ目が「宿題交流会」というものです。子どもたち同士でノートを見せ合い、いいところを吸収するという時間のことです。簡単に隣の子や、班の友だちとノートを交換し、コメントし合うという場合もありますし、少し長い時間をとって、クラス全体で交流し合うという場合もあります。合言葉は「マネぶ」です。友だちのよいところをどんどんマネしよう！と伝えています（P107参照）。

　交流会で生まれる「学び方に関する学び」はとても大きく、多くの子がこの時間を経て自分の学び方をパワーアップさせていきます。

　短時間で簡単にやる場合は朝の会のプログラムに入れてしまうというのも１つのアイディアです。毎日のルーティンにすると、子どもたちは友だちの取り組みのちょっとした変化に気づけるようになり、自分が相手からアイディアを吸収しようとするだけでなく、相手に寄り添い、アドバイスをしたり、励まし合ったりする姿も見られるようになります。この時、子どもたちの中には「学び方」に関する学び以上の、「生き方」に関する大切な思考が生まれているのではないでしょうか。

☑ 一人ひとりが強くなるから、クラスが強くなる

　けテぶれという共通言語ができ、ともに目標に向かって進もうとする時、子どもたちは支え合い、高め合い始めます。いいアイディアは友だちに教えてあげる。つまずけば、友だちの助けを求める。こんなシンプルで強力なつながりを生み出せるのです。なぜなら、**一人ひとりが努力しているから**です。家で、１人で勉強ができるようになってくるからです。自分で進んできたからこそ、仲間との対話に熱が入るのです。**自立した学習者を目指す「けテぶれ」は、結果的に仲間と支え合う学習者を育てることにもなるのです。**

けテぶれルーブリック（例）

	計画	テスト	分析	練習
S ☆	【計画大×計画小】計画大と、今の勉強の進み具合を合わせて考えてその日やる【計画小】を考える。	自分なりのルールを決めて緊張感を高めてテストをする（ポイント制、時間制など）	「＋、－」に加えて「→：これからどうすればよいか」ということを考えて書く	【横に広げる×縦に深める】（量×質）（横）どんどん進める（縦）図や文章で説明する
A ◎	テストが近くなってきたらテストまでの大計画を立てる	ドリルの間違えた問題に印をつける	「＋、－」の視点で、根拠を明確にして書く	（質）学習方法を工夫するいろいろな学習方法を試す
B ○	その日の「めあて」を書く「○○だから△△をする」	正確に丸つけをする間違いを見逃さない	やってみた結果を書く感想を書く（くやしい！うれしい！）	（量）間違えた問題をひたすら練習する
C ×	計画を立てず何も考えずに宿題を始める	丸つけをしない適当に丸をする	書いていない考えて書いていない	苦手になっていないことを適当にやる

※使い方は 85 ページ参照。

第3章

やってみよう！けテぶれ

けテぶれの始め方
準備編

けテぶれを始めるために特別なものは必要ない

☑ 用意するものはノートとドリルだけ！

　けテぶれを回そうとする時、子どもたちに必要なものはドリル(問題集)とノートのみです。この2つさえあればけテぶれは回せます。

　ドリル(問題集)は、巻末の答えをとってしまってはいけません。自分で採点できないと、自己学習はできません。

　ノートについては、基本的に書きやすければどんなノートでもOKです。けテぶれの「け計画、テテスト、ぶ分析、れ練習」は、すべてこのノートに書いていきます。教科で分けてもいいし、同じノートに複数教科をやっても大丈夫です。ただ、ドリルに付属しているような書き方がすべて決められたノートは使えないのでご注意ください。

　子どもそれぞれのペースで書いていくので、たくさん書く子は1年で20冊以上にもなる子もいるし、あまり書かない子が数冊で終わることもありえます。しかし、どの子もやっていく中で、自分の成長過程を記録したこのノートが宝物のようになっていきます。

　けテぶれでは、学習法として「見て覚える」「声に出して理解する」など色々な方法を認めますが、その学習を通して考えたこと感じたことはすべて文字にして捕まえさせます。頭の中に浮かんだ考えは数秒で消えてしまいます。それを文字にして捕まえることで、忘れないだけでなく、その書いたことを対象にまた、考えを深めることができる

からです。

☑ 導入の語りもシンプルに

　はじめから自己学習力の重要性をアツく語っても、子どもたちはあっけにとられて何のことかわからないでしょう。まずはわかりやすく、楽しくが原則です。はじめはけテぶれのサイクルをなぞるだけでいいでしょう。慣れてきたら絵を描いたり歌を作ったりと、自由な学びを楽しませてあげましょう。

　そして漢字テストなどでいい点が取れたら、大げさなくらい価値付けてあげましょう。この点は今までの点数とはまったく質が異なる、と。今までは先生に言われるがままにやって点を取っていたけど、このテストは違う。自分で考えて、自分で学んで、自分でつかみ取った点数なのだ、と。そんなことができるみんなは本当にすごい！と。

　こうして、やり方がわかる、自由で楽しい、結果が出る、まずはこんなことを存分に感じさせてあげましょう。後述しますが、漢字学習からけテぶれを取り入れると、こうしたことを感じさせてあげやすいです。

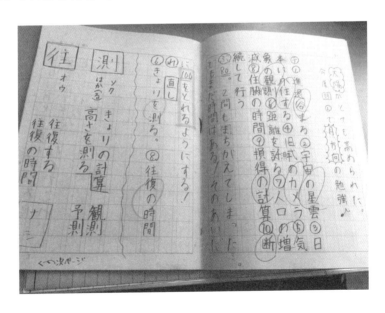

けテぶれの始め方①
無理なく楽しくできる
レベルを目指そう

学びの型を身につけよう

☑ まずは漢字の学習に けテぶれを取り入れてみよう！

　いよいよ、「けテぶれ」の始め方について説明していきます。前に述べましたが（P64参照）、けテぶれは漢字の学習から取り組みを始めることをおすすめします。理由は3つ。

　理由の1つ目は**「分析」が簡単**だからです。漢字を書き間違える原因は、よく見ていなかったとか、勘違いしていたとかその程度です。深く原因を究明する必要がない。

　2つ目は、**結果が出やすい**からです。小学生の脳は単純記憶に強く、練習の質にかかわらず、毎日書いていれば覚えてしまいます。

　3つ目は、**練習の工夫がしやすい**からです。意味を調べたり、熟語を使って文を作ったり、イラストを書いたり、語呂合わせを作ったりと、かなり多様な練習のバリエーションが考えられます。

　難しくなく、結果が出て、工夫もしやすい。楽しんで学習をするという経験をするのに、漢字の学習はもってこいなのです。

　だから最初は漢字のけテぶれ学習用のノートを1冊用意しましょう。このノートに、毎日「㋕計画、㋝テスト、㋫分析、㋷練習」を書いて、自分で自分に宿題を出していってほしいこと、先生への提出の頻度を伝えます（具体的な書き方はP98〜99参照）。

「けテぶレベル」を意識して、徐々に質を高めよう！

「けテぶレベル」とは次のようなものです。
Lv0. その日やることや意気込みを書く（計画）
Lv1. 自分でテスト丸付け（テスト）
Lv2. テストの結果に対する感想を書く（分析）
Lv3. 間違えた字をたくさん書く（練習）
Lv4. 詳しく分析をしてみる（＋、ー、→）
Lv5. 練習方法・テスト方法の工夫
Lv6. 大テスト・小テストまでの計画（大計画）

　初めてクラスに紹介する時は Lv3. 程度までを紹介し、戸惑っている子には、その下のレベルまででいいよと言ってあげましょう。はじめからすべて完璧にできるはずなどありません。各レベルは連結しています。そのレベルが十分に達成できたのなら、次のレベルに進む必要性が出てきますので、子どもたちは自然に自らレベルを上げていくことができます。

けテぶレの学年別到達目標

学年別の到達目標というのもある程度あります。
低学年：丁寧に学習する／自分で丸付けができるようになる
中学年：「小サイクル」を有効に回せるようになる
高学年：「大サイクル」を有効に回せるようになる

　仮に設定していますが、発達の速度は子どもによってさまざまです。1年生から小サイクルを回せる子も実際にいます。そういう子にはどんどん上のレベルにチャレンジさせてみましょう。どこかで困るなら、そこからがその子の成長につながります。

けテぶれの始め方②
シンプルに、わかりやすく

本当に大切なのは、どう始めるのかではなく、どう耕すか

☑ けテぶれの始め方〜会話編〜

　子どもたちに「けテぶれ」を紹介する時は、シンプルに説明してあげましょう。

先生　：漢字の宿題って何のためにやるんだろう？
子ども：漢字を覚えるため。
先生　：そうだね。ちゃんと覚えているかを調べるためにテストをするんだね。じゃあテストで合格点を取るために今の宿題の方法は効果的だろうか？
子ども：んー？
先生　：わかっている字を何度も書くことに意味はある？
子ども：ない。
先生　：うん。じゃあどうすればいい？
子ども：わからない字だけ練習する。
先生　：そうだよね。合格点を取るためには苦手を見つけて、それを練習すればいいんだよね。苦手を見つけるためには、どうする？
子ども：自分でテストしてみる。
先生　：そう。テストして、丸付けをして、苦手な字を練習だ。この方が効果的だよね。…「けテぶれ」という方法があります。

☑ 「目標」と「目的」、先生の視点を説明

　このような話をして、次に「けテぶれ」の説明に入っていきます。僕の場合は、子どもたちに「これからは自分で、自分の苦手なところを見つけて、そこを勉強する、という方法で宿題をしてもらいます」ということを伝えます。「目標」は「合格点を取ること（学力を高めること）」、目的は「自立した学習者になること（自己学習力を高めること）」です。これを伝えるために、君たちを「**学びの海に降ろす**」というたとえ話をします。

　「今までみんなは『学力をつける』という目標に向かう船に乗って、みんなで一緒に進んで来ました。でも、ここからはその船から降り、君たち一人ひとりが自分の力で学びの海を泳いでいく力、「学習力」をつけてほしいと思っています。なぜなら大人になった時に、自由に豊かに自分の人生を自分で生きていく力になるからです。（みんなが乗っている船は年齢が上がると突然消えてしまいます。その時自分で学びの海を泳ぐ力「学習力」がなかったら…）そのために今、「けテぶれ」をするのです。

　先生はこの力を「学力」に対して、「学習力」と呼びます。今日からみんなで「けテぶれ」のサイクルをまわしながら、自分の「学習力」に向き合ってください。テストの点は君たちの学習力を測る目印として使いますよ。「目的」は学習力をつけること。そのためにテストの点を「目標」にしてください」。

　こういう語りを常に入れ、子どもたちの意識を耕すことが大切です。

☑ 大切なことはプリントにして配ろう

　上記の船の話や、具体的なノートの書き方などは、プリントにして配ってあげるのがいいでしょう。導入時に使いやすいプリントを次ページ以降に用意したので、コピーして使ってください。

学びの海に降りて
一生使える力を身につけよう！

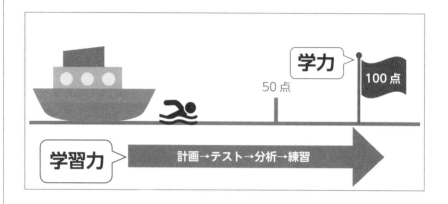

　今までの宿題は、みんな同じところを同じだけやっていきましたね。みんなで大きな船に乗って同じように進んできたのです。今日から始める「けテぶれ」での学びはそうではありません。みなさんにはこれから船から降りて、**自分の力で目標まで進んでいってもらいます。**

　でも、泳ぎ方を知らずに海に飛び込めば溺れてしまいますよね。だから、泳ぎ方を教えます。それが「**けテぶれ**」です。学びの海では、「**計画、テスト、分析、練習**」というサイクルをまわすことで、自分の行きたいところに進んでいくことができます。

　さぁ、これからは、何をどう学ぶかを誰かに決められることはありません。自分の力で自由に学びの海を泳ぎ回りましょう。学びの海はみんなが思っている以上に広く、深いです。その海の中で、たくさんの宝物を見つけてください！　宝物を探して泳ぎ回るうちにみんなには、学びの海の泳ぎ方「けテぶれ」が上手になってきます。学びの海を自分で泳ぐ力、つまり**自分で自分の学びを進める力**のことを「**学習力**」といいます。これは大人になっても使える大切な力ですよ！

～学びの海の泳ぎ方・完全レクチャー～

計画…その日の"めあて"を書こう！
　けテぶれの最初は、「計画」ノートの1行目に「その日のめあて」を書こう！　どんなことをどのように頑張るのか考えよう！「なぜそれをするのか」という理由まで書ければ花マル！

テスト…自分でテストをしてみよう！
　計画の次はテスト！　ドリルで問題が載っているページを見て、問題を解いてみよう！　もしわからない問題を見つけたら、それがお宝！　**間違いは自分を成長させてくれる進化の種だよ！**　これを見落とさないように、注意深く丸付けをしよう！

分析…もっと賢くなるためにはどうすればいいか考えよう！
　テストをしたら、その結果を分析だ！　テストをやってみて、進化の種をゲットできた人は、その種を育てる方法を考えよう！　**苦手を乗り越える方法**だね！　書くことが思いつかない時は、その日のテストの感想だけでもいいよ！「よっしゃ！」とか「くやしい！」とか、自分の気持ちを書いてみよう！

練習…成長の方法がわかれば実際にやってみよう！
　分析では自分の進化の種を育てる方法を考えたよね！　何か思いついたのならすぐにやってみよう！　また今度〜じゃだめだよ！　**進化の種が一番よく育つのは、見つけた瞬間だ！**
　もし、やることがないなら、どんどん先に進んでもいいよ！　次の次の次のテストの範囲も完璧にしちゃおう！　もしくは…今日のテストを解説してみよう！　先生みたいに、「どうやって解くのか」「なぜその答えになるのか」を、うまく説明することはできるかな!?

第3章　やってみよう！　けテぶれ　97

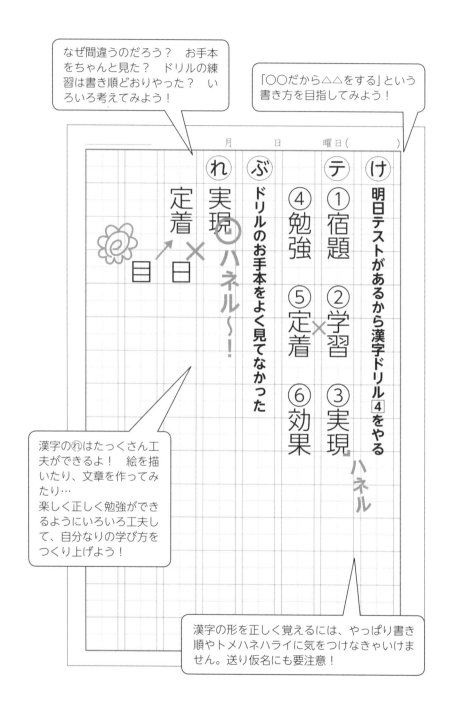

「○○だから…」が思いつかない時は、「どんな気持ちでやるか」を書くのもいいね！

㊈ 今日は気を抜かずにがんばる！

㊥ ① 9×2÷2=9　　答え 9㎠
　　② 18×6÷2=54　答え 54㎠
　　❌ 7×4÷2=14　　答え 14㎠
　　❌ 8×8÷2=32　　答え 32㎠

算数は分析がとっても大切！なぜ間違えたのだろう？　どこが理解できていないのだろう？深く考えてみよう！

㊫ 公式の意味がわかっていないのかもしれない

㊬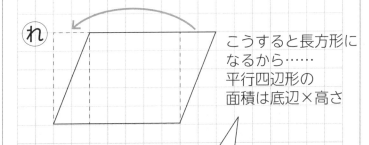
こうすると長方形になるから……
平行四辺形の面積は底辺×高さ

算数は「なぜその答えになるのか」を説明できることがとっても大切！
㊬では、絵や図を使って、答えが説明できるようになるまで頑張ってみよう！
先生みたいに説明できるようになれば、学校でみんなに頼りにされるかも!?

けテぶれノートの
提出頻度と対応

子どもたちが安心して学べる環境をつくる

提出の頻度について

　さて、いよいよ「けテぶれ」がスタートすれば、子どもたちは毎日懸命に学びを積み上げたノートを持ってきます。子どもたちは暗中模索、学びの海の中でとても不安な気持ちになっている子も多いはずです。大切なことは、その子がやってきたけテぶれについて、ほかの人からの反応が必ずある状態をつくることです。

　はじめのうちは先生がチェックし、価値付けを行うということを丁寧にやってあげてください。子どもたちが慣れてきたら、たとえば子ども同士で毎日チェックし合ってもらい、先生への提出は１日おきにする、という設定もできるかもしれません。

　僕の場合は、ある年のクラスは毎日回収し、その日のうちにチェックして返していました。その次の年は、先生にいつ提出するかは自由としました。それと同時に、宿題交流会を毎日設定し、友だち同士でのかかわり合いを多く設定しました。すると２学期の後半には、多くの子が毎日、質、量ともにすさまじい学習をしてくるようになりました。ただ、そこで疲れたのか３学期が失速してしまう子が現れ、子どもの成長にばらつきが出たので、今年は、「毎日提出するが、毎日頑張らなくてもいい仕組み」を作ってみました。

　提出箇所を３か所用意するのです。①普通にやってきた時に提出す

る「普通ゾーン」②頑張ってきた時に提出する「ファイヤーゾーン」③サボった時に出す「大仏ゾーン」です。こうすることで毎日提出する意識付けと、サボったならばサボったことを自覚できる仕組みができます。子どもたちには一応「仏の顔も三度までだよ」と伝えています（笑）。

　また、この時宿題チェックに使うペンの色を変えると、子どもたちがノートを振り返った時に自分の頑張りを見て取ることができます。僕の場合は、普通ゾーンは赤、ファイヤーゾーンは緑、大仏ゾーンは青ペンでチェックをしています。（大仏ゾーンには白紙のノートを提出してもいいとしているので、その場合は小さく青丸を一つ書いておきます。連続で大仏ゾーンに出していると、その青丸が溜まっていくという仕組みです。）

✓ どんなふうにチェックするのか？

　最初はひとまず、「計画、テスト、分析、練習」のプロセスがすべて揃っているかということを見ましょう。高い質は求めません。「けテぶれルーブリック」（P88）の「Cレベル」にならないように注意させる程度でいいです。ひとまずは「型」としてけテぶれのサイクルをまわすことを目標としてください。「テ」をやらずに「れ」のみをやるといったバリエーションは「けテぶれ」の各過程の機能を十分に理解してから選択させるようにしましょう。（目の前の子が、すでに各過程の機能を十分に理解できていると判断できるのなら、2日目からでも型を崩すことも認めます。）

　ここで高い質を求めなくていいのは、後述の「けテぶれ通信」や「宿題交流会」で、高い質の取り組みをどんどん知ることができるからです。ほかの子の取り組みを知ったり、一緒に試行錯誤したりしながら、何をどのようにやればいいか、どのぐらい自由度があるのかを、子どもたちは学んでいきます。

始めたらすぐに出そう！
けテぶれ通信！

ステキな学習は先生が価値付けて広げよう

☑ けテぶれ初期は学級通信でよい学び方をシェアしよう！

　「けテぶれ」にクラスで取り組むにあたって最も大切なことが、「**よい学習法のシェア**」です。子どもたちは自分で自分の学習をつくり上げるという経験をしたことがないという子がほとんどです。どんな学習が有効なのか、自分は何をすればいいのかがわかりません。とくにけテぶれを始めてすぐの時期はどの子も手探り状態です。

　だからそういう時期には先生が積極的に子どもたちのよい学習法を取り上げて、紹介しましょう。おすすめは、学級通信形式です。

　僕の場合、作り方はとてもシンプル。A4サイズの紙面にノートの写真を4つ貼り付け、吹き出しを2つつけます。1つ目の吹き出しはそのノートでいいと思った記述をそのまま書き出すもの。2つ目の吹き出しはその箇所についての先生からのコメントです。右のページを参照してください。

☑ 通信は朝の会で紹介してあげよう！

　通信を作ったら朝の会で配付し、紹介してあげましょう。自分の工夫した学習が通信にのってみんなの前でほめられる。単純ですが、子どもたちにとってはとても嬉しいことです。

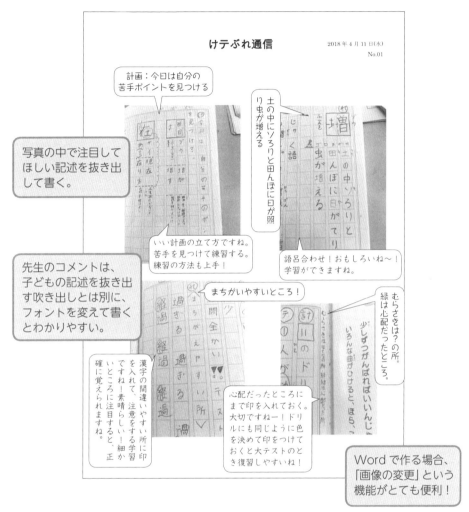

☑ けテぶれ通信に込めるメッセージ

けテぶれ通信を作る時、教師がそこに込めるべきメッセージは「**何かを学習する時の手段は無限に考えられること、自分に合った学習の方法は無限にある方法の中から自分で紡ぎ出していくこと、そうやって得た気づきは一生の宝になるということ**」です。

通信を紹介しながら、繰り返しこのことを伝えてあげてください。

けテぶれ通信

2018年5月14日(月)
No.21

今からこれを30秒見て、授業でやったあれが全部書けているかやってみる

すばらしい「テスト」の方法ですね。
瞬間的に覚えて、それをテストする。覚えられなかったところをもう一回30秒で覚えてもう一度テスト…みんなも真似してみよう

今日は前回みたいに練習するのではなく、苦手な漢字だけ書いてみる。

いろいろと学習方法を変えて、試してみることはとっても素晴らしいことです。たくさん試すとそれぞれの方法の良さが分かるよね

テストの範囲を余裕をもって終わらす
毎日コツコツ勉強する

シンプルなことですが、とっても大切なことです。この二つ、分かっていてもなかなか難しいよね。なぜか。「心に負ける」からです。今日はこれくらいでいいか〜とサボり心に負けてしまっては賢くならないよね！「心に勝つ！」ことがとっても大切なんです。

キャラクターにアドバイスをしてもらう

これ、あそんでいるように見えてとっても有効な学習です。キャラクターを作ることによって、自分に対して話しかけることができるよね。
自分に話しかけると、今の自分はどうか、この先自分はどうするべきかが見えてきますよ。

けテぶれ通信

2018年5月15日(火)
No.24

> 大分析① 勉強の仕方が良かった ② がんばれた

> いくら勉強のいい方法を知っていても、がんばって取り組まなくては100点は取れません。最後はやるかやらないか。自分の心に勝つか負けるかです。

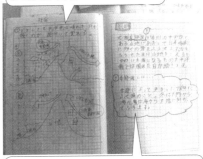

> どうして太平洋側は晴れた日が続くのか図で説明してみる

> 社会の自学などは、文章だけでなく図や表、グラフを使うことが効果的ですね。
> また、説明してみることで深く理解できます

> 授業で習った新しい単位の関係が覚えられてないので覚える

> 授業と宿題をつなげる。いい学習です。宿題で分からなかった所は、授業で聞く、授業で分からなかったことは宿題でもう一度考える。このサイクルを回しましょう。

> 大分析
> なぜ90：問題えて覚えていた一番ダメなやつ…

> そうですね。自分で学習をするためには、自分に厳しく、正確に自分を見なければなりません。適当にOK〜っと学習を流してしまうと、痛い目を見ますね

学びの大豊作！
宿題交流会！

子どもたちがつながり合い、支え合い、高め合う！

☑ 必ずやろう！「宿題交流会」

　「けテぶれ」に取り組み、子どもたちが自分なりの学びをつくり上げようとする時、同じように頑張っている仲間の取り組みは大変刺激になります。そこで非常に有効なのが交流会。お互いのノートを見せ合い、ノウハウを共有する機会を必ず設定してください。

　交流会は非常に重要です。びっくりするような子どもたちの変化を生み出しているのは、おそらく、この交流会のパワーによるものです。この交流会こそが、子どもの学び、子どもの変化の原動力になっているのだと思います。

　僕自身、けテぶれをやる中で、多くの子どもたちが、学習に対して真剣になっていき、こちらが驚くほど深く考えるようになっていくことを経験してきました。

☑ 朝の会のプログラムに入れてしまおう！

　短時間で交流するためには、朝の会に「宿題交流」というプログラムを入れ込んでしまうのも1つのアイディアです。3分ほどで、班のメンバーの取り組みを見て、コメントを書き合います。次の日の朝、友だちにノートを見せるとわかっているから、宿題に熱が入るし、友だちからアドバイスをもらえるので、その日家に帰ってからも頑張れます。

☑ 宿題交流会中の教師の役割は？

宿題交流会中、教師の役割は子どもたちのノートを一緒に見て回り、よいノートがあれば大げさに喜び、感動することです。**感動のサイクル**(P130 参照) を生み出す起点をつくるのです。

子どもたちのノートをチェックする時、よいノートには特別なマークをつけたり、シールを貼っておいたりすると、交流会中、どれがよいノートなのか子どもたちにもわかりやすくなります。

伸び悩んでいる子がいれば、その子のタイプに合わせてアドバイスをし、そこで言っていることをほかの子にも聞いておいてもらいます。(子どもたちそれぞれへの声かけについてはP116〜127参照。)

「学ぶ」と「真似ぶ」は同根の言葉であるとはよく言われますね。宿題交流会をするとその意味がとてもよくわかります。人のいいところをマネてみることの学習効果は想像以上に大きいのです。

しかし、その大きな効果を子どもたちは知りません。何も言わずに交流会をすると、自分のノートを隠したり、真似されたことに腹を立てたりする子が現れるかもしれません。

交流会を行う前には必ず「マネぶ！」ことの価値や、アイディアを自分の中だけに隠してしまうもったいなさを語ってあげることも、教師がすべき大切なことです。

☑ 学級経営にも効果絶大

「親密さは接触回数に比例して深まる。」これは学術的に証明されています。ポジティブなかかわりの中で子どもたちの関係はどんどん深まっていきます。

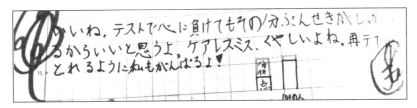

クラス全員での交流!「けテぶれ大交流会」

学習法の見本市。ますます変わる子どもたち

けテぶれ大交流会マニュアル

　学級会活動などの時間を使って「けテぶれ大交流会」をするのもまた非常に有効です。やり方は以下のとおりです。

けテぶれ大交流会　実施例

1. 班のメンバーに自分の学習のポイントを発表する
　全員終わったら2へ進む
2. 班の半分の子たちが教室の中を動き回り、友だちのノートを見にいく
3. もう半分の子は班に残り、違う班の友だちがノートを見に来たら、自分や班員の学習のいいところを教えてあげる
　時間が来たら…メンバー交代
4. 終わったら全員席に戻り、学びを文字にして捕まえる

　この交流の中で子どもたちは自分の学習と友だちの学習を見比べ、大きな学びを受け取ります。たまにはよいノートを投票して、「けテぶれ王」を決めたり、ノートにコメントを書き合って励ましたり、いろいろ工夫してみてください。普段頑張っていることだからこそ、子どもたちも意欲的に取り組むことができます。

☑ 交流会、大交流会で子どもは変わる

　Aくんは勉強に後ろ向きで、とても頑なな子でした。友だちに間違いを指摘されても自分の考えを曲げることはなく、度々喧嘩になっていました。そんなAくんに「いろいろな正解がある」という宿題交流会の時間がフィットしました。自分の考えが認められる。人の考えを知れる。そんなサイクルの中でAくんはどんどん勉強に前向きになっていきました。そんな中迎えた漢字の大テスト。Aくんは一生懸命努力をしましたが、結果は70点でした。いつものAくんなら、その結果を見て、1人で不機嫌な態度になっていたでしょう。

　でもその日のAくんは違いました。まず周りに友だちがいました。Aくんの結果をみんなで受け止め、声をかけ合っていたのです。なぜならみんなAくんの頑張りを知っているからです。そしてAくん自身も不機嫌になることはなく、僕に向かって「先生、おれ、まだイケるわ。次はもっと取れる」と言ってきたのです。僕はその時のAくんの顔を忘れられません。

　Bさんは家で宿題をするという習慣がまったくありませんでした。毎日宿題をやらずに登校してきていました。しかし、ある席替えで仲のよいCさんと隣になり、Bさんは変わりました。Cさんが毎日彼女のノートを開いて、その日やってくるべき宿題についてアドバイスしてくれたのです。いざ宿題に取り組み始めたBさんは、すぐに勉強の楽しさに気づきました。Bさんに「なんで宿題をやれるようになったの？」と尋ねると、即座に「Cさんのおかげ」と答えてくれました。

　DくんとEくんは、やんちゃで有名でした。しかし、宿題交流会を重ねるうちに、同じ班の子のノートのよさ（しかも女の子の！）を得意げに自慢し、とても柔らかい表情になりました。

　このような例は枚挙にいとまがありません。同じ目標に向かって、同じ手段を共有している仲間同士だからこそ、支え合い、高め合えるのでしょうね。

教師がやるべきこと①
学習力についての語り

自由な学びだからこそ、押さえるべきポイント

 任せるが、放任はだめ

　「けテぶれ」は**「子どもたちは自ら学びを積み上げられる存在である」**という子ども観のもと、子どもたち主体の学習環境を実現する実践です。ここまではそんな子ども観に基づき、子どもたちの中から生み出されたものを広げるというアプローチを紹介してきました。

　しかし、当然ですが、すべてを子どもたちに丸投げしてしまってはいけません。教師は、学習者主体の学習環境が適切に機能するように、時にはクラスに語り、時には個別に声をかけ続けなければなりません。ここからは教師がやるべきことを紹介します。

 クラスに語ること①
　　～テストの点が示すこと～

　小学校で行われる大テストや小テストは通常、その教科の理解度を測るために行います。テストの結果はその子の「学力」を表します。

　しかし、子どもたちがけテぶれのサイクルを使って、自分で学習を積み上げた上で行う学校のテストの点は、その子の「学力」だけを表しているのではありません。「その日まで自分は学習をきっちり積み上げることができたか」ということも確認できる。つまり学校でのテストの結果は、その子の**「自己学習力」**を表す指標にもなるのです。

そのことを子どもたちにも十分に理解させなければなりません。

とくにテストを行う前にはこのことを丁寧に語ってあげてください。たとえ結果が合格点に満たなくても、そこまで積み上げた学習努力にこそ価値があるのです。

☑ クラスに語ること②〜大分析の視点〜

テストを返却した後は大分析です。ここでの思考こそがけテぶれ最大の価値を生み出します。テストの結果とこれまでの学習努力を結びつけて、自分の「学習力」と向き合います。**大テストや小テストが返却されたらノートに貼って、大分析**。これを習慣化させてください。

ここでの語りは、けテぶれ導入時に子どもたちに話す、「学びの海に降ろす」たとえ話（P96）につなげて話すことができます。次のページで詳しく紹介するので、参考にしてみてください。

☑ テスト後の語りを入れるタイミング

次のページで紹介する語りは、テスト返却後、**悔しさや嬉しさの感情を出させてあげた後に行う**ことがおすすめです。

まずは返却された瞬間の感情をそのまま表出させてあげましょう。それが、その後の大分析での思考につながります。

この時、宿題交流会などを頻繁に行っていると、自分のテストの点数だけでなく、友だちのテストの点数を見て喜んだり励ましたりする姿も見られるようになります。こういう気持ちは、学力よりも、自己学習力よりももっと大切な感情です。そういう姿を見せてくれた時は是非とも取り上げて、価値付けてあげましょう。

教師がやるべきこと②「学びの海」を語る

子どもたちの学びを価値付けるとき教師が語る内容

　「テストが終わりました。みんなは今日のテストの日まで、船から降り、自分の力で、学びの海を一生懸命泳いできましたね。その努力の中で、どれだけ頭を動かせたか、どれだけ手を動かせたか。それが君たちの「学習力」を高めます。そこにこそ価値があるのです。

　みんなが船から学びの海に降りる時、目標の場所から離れた所に降りる人もいれば、近くに降りられる人もいます。（下図）この教科、この単元が苦手な人は、ゴールからはるか離れた所に降りることになりますね。そこから、進んだ距離。それこそが君たちの学習力です。たとえ100点の場所まで進むことができなくても、落ちた場所からたくさん進めたのなら、あなたの学習力は確実に高まっています。

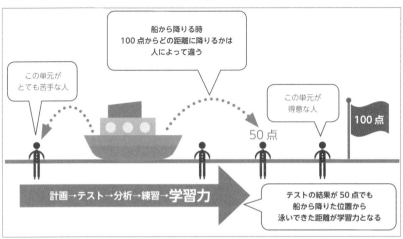

今回の単元が得意だった人はゴールの近くに降りることができたはずです。降りた瞬間に80点や90点、もしかしたら100点を取れてしまう人もいたはずです。
　Aさんははじめから80点くらいのところに降りました。100点までは、これだけの距離しかなかった。じゃあAさんはこれだけの学びしかしなかったのかと言うと、違います。Aさんはわかっているところを改めて自分の言葉で説明してみたり、そこで見つけた新たな疑問について考えたりしました。つまりこういう学び方をしたのですね。海面での学びにとどまらず、深く深く学びの海を探検したのです。この矢印を伸ばせばとても長い矢印となります。そうやってAさんは自分の学習力を高めました。
　また、Bくんはこんな学び方をしましたね。このテストの発展問題や次の単元の内容まで先取りして学びを進めました。こういう矢印の伸ばし方もあるのですね。学びの海は信じられないくらい広く、深いのです。ドリルには載っていない宝物がたくさん眠っています。君たちの「学習力」はその宝物を見つけるために使えるのです。

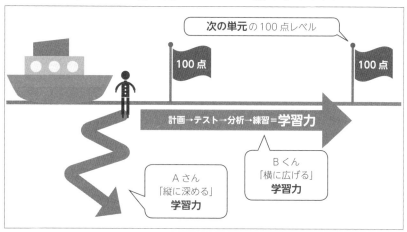

　さて、今回のテストまでに君たちの「学習力」の矢印はどんな伸び方をしたかな？　もっと長く伸ばすことはできなかっただろうか？「＋、－、→」の視点やルーブリックを使って深く考えましょう」

教師がやるべきこと③
クラスの子どもたち と対話する

困ったことがあったら、子どもたちに聞いてみよう

☑ 目的に向かう手段は無限

　前ページまでは教師が語り、子どもたちが聞くという構図の指導場面を取り上げました。語ることで、「けテぶれ」で大切にしたいことを子どもたちに伝え、意識させることはできますが、それだけではいけません。子どもたちが自分なりの学び方を模索するように、教師もまた、クラスでのけテぶれのあり方について、模索する態度が必要なのです。自立した学習者を育てるという目的に向かう手段は無限。その中からクラスに合ったものを選択し、更新し続けることが大切です。そのためには、実際にけテぶれに取り組んでいる子どもたちとの対話が必要不可欠です。

☑ 困ったら、子どもたちに聞いてみよう

　たとえば、クラスでけテぶれに対する熱が上がらないなと感じた時、その感想をそのまま子どもたちに投げかけてみるのも1つの手だと思います。「けテぶれにあまり一生懸命になれてないみたいだけど、なにかやりにくいことがある？」と。そう投げかけられると、子どもたちはポツポツと今の思いを教えてくれます。そこを土台にして、そのクラスのけテぶれをつくっていくのです。

　実際に「宿題交流会」は、子どもたちの「もっと友だちの取り組みを

しりたい」という声を受けてつくったものです。今ではけテぶれのエンジンのように作用していますが、これができたのは実は2年前で、それより前はやっていませんでした。

☑ 教師は子どもたちと同じ方向を向いて、一緒に歩む

　僕がけテぶれにクラスで取り組む時、常に心がけていることは**「自立した学習者になる」というゴールに向かう子どもたちと、ともに歩む**という意識です。僕はもう何年もけテぶれに取り組んできており、子どもたちが到達できるはるか高みのステージを知っています。ですが、それを新しく受け持つ子どもたちにはじめから求めても、子どもたちには伝わりません。子どもたちが見えているのは、今の自分の取り組みと、クラスの友だちの取り組みだけなのですから。だから僕は、去年はこんなすごい子がいてね…という話もあまりしません。あくまでも、**今のこのクラスから紡ぎ出された知恵や工夫を積み上げる**という意識を常に持って子どもたちに接します。（前年度のノートを見せるということはやります。実物のノートほどの具体性があれば、子どもたちはその価値を受け取ることができるからです。）

　前年度うまくいった仕組みは引き続き新たなクラスでも取り組もうとしますが、それよりもその年、子どもたちとの対話によって新たに生まれた仕組みの方が、より効果的に作用するということが多くあります。当然ですね。自分たちのニーズから生まれた仕組みの方が、より自分たちにフィットしますよね。その中で宿題交流会は、どの年にも発生する普遍的なニーズを捉えていました。だからけテぶれの公式イベントとして、本書にも掲載しました。

　こうして子どもたちとの対話の中にヒントを見出し、たくさんのトライアンドエラーの中から最高によく機能する仕組みを見出すこと。これは子どもたちに「けテぶれ」を求める教師として、必ずやっていただきたいところです。

教師がやるべきこと④
子どもたちのタイプに合わせた指導

一人ひとりの学びのケアも忘れずに

☑ 宿題をやる子・やらない子

　ここからは「けテぶれ」に対する子どもたちの反応を4種類に分けて、それぞれの反応を示す子どもたちへの指導法を紹介します。個々へのかかわり方です。

　30人ほどの集団に1つのことを求めると、必ずやる子とやらない子が出ます。けテぶれの宿題を出しても同じです。

　けテぶれ初期では多くの子が一生懸命取り組みますので、個別の声かけはあまり必要ありません。頻繁によい学習法を紹介すればそれだけで子どもたちは自らの学びをアップデートし続けます。

　しかし第2ステージ（P136参照）に入る辺りから、子どもたちの勢いがなくなり、特性を踏まえた声かけが必要になってきます。

☑ けテぶれの4つのエリア

　従来の「やること」が目標の画一的で作業的な宿題では、子どもたちの反応は、「やるか、やらないか」の2つですが、けテぶれの宿題では違います。けテぶれの目標は「やること」ではなく、「テストで合格点を取ること」であるため、「テストの結果が◎か×か」という判断軸が追加されるのです。その結果、けテぶれに取り組むクラスの子どもたちの反応は下の4象限に分けられます。

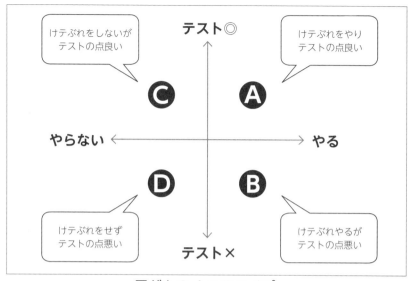

子どもの4つのタイプ

　テストで見るのは「学力」であるため、AとCは、テストの点数上は同じ学力として評価されます。しかし、Cは宿題に取り組みませんでした。けテぶれの宿題ではテストで100点を目指して「自己学習力」をつける学習をしますので、Cの「自己学習力」は成長していないということがわかります。

　反対に、Bを見ると、テストでは×なので、「学力」があるかどうかという点では評価できません。しかし「自己学習力」という視点で見ると、毎日一生懸命努力してきた学習のノウハウがBの子どもたちの中には蓄積されていますので、「自己学習力が高まっている可能性がある」と評価できます。彼らのノートを見ると、自己学習力の高まりを見て取ることができます。小学校レベルの問題が解けるという「学力」か、自らの力で学習を進められるという「自己学習力」か、どちらが価値のある力であるかは明白ですね。

　各エリアを概観したところで、A〜Dについてどのような指導を行っているかを順番に詳しく説明していきます。

第3章　やってみよう！　けテぶれ　117

子どもたちのタイプ別指導法〜Aエリア〜

光り輝くような成果！　成長のふたを取ってあげよう！

☑ Aエリアにいる子の特徴

　いわゆる優等生エリアです。「けテぶれ」をきっちりとこなし、テストで成果を上げる。はじめからこのエリアにいることができる子たちは、けテぶれを取り入れた瞬間に、驚くような成果を出してきます。そして圧倒的な自信を得ます。今までのように口を開けてただ情報を飲み込んでいたのではない。自分で学習をつかみ取って成果を上げることができた。自分の能力に対する自信と、自分の学習方法に対する自信を受け取ります。

　そして教師は気づくのです。子どもたちが持つ潜在的な学ぶ力の巨大さに。この層の子たちは従来の画一的な教育環境において成長のふたをはめられ、伸び悩んでいるのです。その子たちには、自由に使える道具を渡し、学びの海に解き放ってやるだけで素晴らしい学びを自らの力で積み上げられます。上位層を超上位層へと押し上げる。これはけテぶれの大きな効果の1つです。

☑ 完璧からの一歩

　このエリアの子たちは真面目に学習をしますが、テストで100点というレベルに達するためにさほど苦労を要さず、すぐに学習内容を定着させてしまうことがあります。その場合は「完璧からの一歩」と

呼ばれる練習を提案します。つまり100点以上の学習内容へ進むのです。方向性は2つ、「**縦に深める**」か「**横に広げる**」かです。

☑ どんどん先に進んでもOK!

「**横に広げる**」学習とは、単純に次に学習する内容まで進むということです。漢字であればどんどん新しい漢字を覚えていく、算数であればどんどん次の単元に進む、ということが考えられます。

☑ 「解ける➡説明できる➡教えられる」で理解は深まることを意識しよう!

「**縦に深める**」とは、理解を深めていく学習です。

漢字だと、テストに出てきた漢字の熟語を調べ、意味を調べ、文を作るといった学習です。漢字一文字に対する理解を縦に深めていきます。

算数だと、「問題の解き方を説明する」という課題にチャレンジします。説明ができているかどうかの判断基準は、シンプルに図で表現できるかどうかで測るというのもいいでしょう。

説明ができるようになったら、次は誰かに教えられるレベルにまで高めます。このレベルには、困っている友だちがいないと挑戦することができません。その友だちに会えるのは、学校です。「教えられる」というレベルを意識することで、「学校の勉強なんて余裕」と思っている子どもたちが、授業への参加意欲を高めます。

また宿題でまったくわからなかった子どもたちも、学校に行けば教えてもらえるという見通しを持てるため、「学校の勉強が難しくてわからない」という子どもの参加意欲が高まります。

「解ける➡説明できる➡教えられる」という理解度の段階を意識させることで、家庭と教室の間で学習が循環し始めるのです。

子どもたちのタイプ別指導法〜Bエリア〜

キーワードは「対話」。頭を豊かに耕そう！

☑ Bエリアにいる子の特徴

「けテぶれ」の導入期には大部分の子どもたちがこのエリアに属します。そして１年の終わりに最も「自己学習力」がついているのも、このエリアに長くいた子たちです。

なぜならこのエリアには乗り越えるべき課題が常に明確に目の前に存在しているからです。テストでなかなか結果が出せないからこそ、自分を見つめ、勉強方法を工夫する必要性が生まれるのです。そしてこの思考こそ、子どもたちを「自立した学習者」へと育てるために必要不可欠なのです。だから、できるだけこのゾーンにたくさんの子どもたちがいられるような課題を作るのも、大切ですね。

☑ 「学ぶ」は「マネぶ」。友だちとの交流の機会をたくさんつくろう

このエリアに居る子たちのテストの点数が上がらないのは、「能力」に問題があるのではなく「やり方」に問題があるからです。だからこのエリアの子たちには「よいノートをたくさん見て、たくさんマネぶべきノートを見つけなさい」とアドバイスします。真面目で頑張り屋さんが多いこのエリアだからこそ、１つの声かけで一生懸命ノートを見て回り、友だちと対話し、いろいろな学習法を吸収していきます。

☑ 大分析で自分自身とも対話しよう

　学習法を磨くのに効果的なもう１つの手立てが「大分析」です。具体的には、テストの結果と、今までのノートを見比べ、よくなってきたことやまだまだなところを分析させます。「今までの学習のどこが悪くて、テストの結果が×になってしまったのか」「次はどういう学習を積み上げると、成果につながるのか」という思考です。ここでは、分析する視点を明確にするため、自分の間違いを分類する視点 (間違い分類、P68) や、自分の学習の質を分類して評価する視点「けテぶれルーブリック」(P88) も与えます。こうすることで自らの学習方法をよりよくすることを目的に、「自己内対話」が活発に動き始めます。

☑ モチベーションを維持できる声かけを！

　このエリアはモチベーションの維持がとても重要です。頑張っても成果が出ない。これを繰り返しすぎると、だんだん嫌になってきますよね。この状態にならないようにしてやらなければなりません。

　そこで、「**学力と学習力**」という視点から、次のように語ります。

　「たとえテストの点 (学力) が悪くても、その点数を取るためにけテぶれをたくさんまわして努力してきたのなら、みんなの中に「自分の学習をつくり上げる力＝学習力」がとても高まっています。逆に、点数が高くてもあまり努力してこなかった人に「学習力」の高まりはない。**小学校レベルの問題が解ける「学力」と、自分の学習を自分でつくり上げる「学習力」。この２つを比べた時、より人生を豊かにするのは後者です**。日々の努力は確実にみんなの中の学習力を高めています。日々のノートを振り返ってごらん。そこにみんなの「学習力」が詰まっているでしょ！」

　と、繰り返し子どもたちに伝えましょう。

子どもたちの
タイプ別指導法
〜Cエリア〜part.1

けテぶれを進化させるアイディアをたくさん出してくれる！

☑ Cエリアにいる子の特徴

　学力は高いが、決まったことをきっちりとやるのは苦手。画一的な教育環境では、教師から目をつけられるタイプではないでしょうか。

　ただ、「けテぶれ」においてはこのタイプの子たちが学習集団にとてもいい刺激を与えてくれます。このエリアにいる子は、真面目にコツコツ努力することは苦手ですが、枠にはまらない自由な発想で新たなものを生み出すことが得意だったりします。この発想がAやBのエリアにいる子たちに非常にいい刺激となります。また、Cエリアにいる子は熱しやすく冷めやすいタイプが多く、ある日突然目覚ましい集中力で膨大な学習をやってくるというケースもあります。その子たちの熱は時としてクラスを驚かせるほどに燃え上がることがあるのです。この爆発的なパワーを見せつけられたほかの子たちは、その熱に影響されとても頑張るようになるということも起こります。

　Cエリアにいる子たちを学習集団の刺激役として働かせてやることができるかどうかは、けテぶれ指導の大きなポイントの1つです。

☑ 理解度の深さを伝える

　このエリアの子たちの学習に関する特徴は、頭の回転が速く学習内容をすばやく理解できるが、その分雑でミスが多く、浅い理解で満足

してしまっている、というものです。みなさんのクラスにも当てはまる子はいるのではないでしょうか。彼らにまず問うのは、理解度の「縦の深さ」と「横の広さ」です。

　まず「縦の深さ」に関しては、Aエリアでも述べたとおり「解ける➡説明できる➡教えられる」という理解度の3段階を提示し、浅いレベルでとどまっていないかということを確かめさせます。もし、説明ができないのなら、その子の学習課題は「問題の解き方を根拠をもって説明できること」になります。

　次に「横の広さ」とは、単元内すべての問題について、完璧と言えるか、という視点です。単純な問題の解き方はわかっていても、少し出題のしかたを変えられると途端にわからなくなるというようなことはないか。教科書やドリルの問題にはすべて目を通しているか。この辺りを確認させます。していないところがあるなら、そこがその子の学習課題となります。

☑ 指導のタイミングが大切

　ここからが大切です。上記のことをいつその子に伝えるか。このエリアの子どもたちは自分に確固たる考えがあり、自信もあるため、自分の中に改善する必要性が宿っていない限り、自分を正そうとする外からの声に耳を傾けようとはしません。普段の取り組みの中で上記の話をしても、おそらく響かないでしょう。

　では、いつなら響くか。指導のベストタイミングは**テストで失敗した直後**です。失敗の直後に「浅い理解で満足していなかったか」「すべての問題に目を通せていたか」という視点を示しましょう。すると素直に受け取り、改善しようとし始めます。

　その一歩を踏み出せたら、思いっきり感動してあげましょう。自分を高めようと努力するその過程にこそ人生における宝物が眠っているということを、教師が全身で表すのです。

子どもたちの
タイプ別指導法
〜Cエリア〜part.2

けテぶれを進化させるアイディアをたくさん出してくれる！

☑ アウトプット的な課題を提案する

　当然、テストで失敗しない子もいます。本当に理解度が高く、宿題をする必要性を感じられない子。「けテぶれ」の目標からすると、この子は宿題をする必要はありません。ただここには学校のシステムに課題があって、取り組む問題集の難易度を子どもは選べません。この子たちにとって、もっと高いレベルの問題集があれば、学習の必要性が生まれますが、それは難しい。そういう子たちに成長の機会を与えられないのはとてももったいないことです。

　そこで、インプット的な学習課題から、アウトプット的な探究課題へと思考のベクトルを変えてみるのも１つの案です。アウトプット的な探究課題には「他者」が必要です。自分の考えは他者に受け取ってもらうことで初めて価値が生まれます。学力が高く、自分で考えを組み立てることが得意な子たちだからこそ、アウトプット的な課題に取り組めるのです。**知識技能が十分であるならば、思考力、判断力、表現力を養えばよいのです。**

☑ アウトプット的な探究課題ってたとえばどんなものがあるの？

　アウトプット的な探究課題とは、たとえば「みんなが苦手そうな問

題を集めて学習プリントを作って！（みんプリ）」とか「学習の方法をまとめたプリントを作って！」「体育でけテぶれをうまく使うにはどうしたらいいだろう？」「けテぶれよりもよく勉強できる方法ってないかな？」などでしょうか。慣れてくればもっと大きく深い問い（「なぜ学ぶのか」「学校はなんのためにあるのか」など）に向き合うこともできるようになります。

　アウトプット的探究課題はインプット的な学習課題とは違って「受け手側」を強く意識しなければなりませんので、非常に難易度が高いです。ですので、その頑張りを友だちが受け取ってくれた時に生まれる喜びは、テストで100点を取ることよりも何倍も嬉しいはずです。インプット課題が簡単すぎて飽々し、思考力を持て余しているＣエリアの子どもたちにはもってこいですね。

　これに喜びを見出した子は、算数が苦手で困っている友だちに、その子の苦手傾向を網羅した専用問題集を作ってあげたりすることもあります。

☑ Ｃエリアの子たちを輝かせることは、学級経営上もメリットに！

　このＣエリアにいる子たちを放っておかず、彼らの発想とパワーを教室で生かすという構造は、学級経営上も非常に有意義です。

　こういう、ある意味で「尖った子」の能力を抑圧し、従わせようとしてしまうのは、これまでの画一的な教育の問題点ではないでしょうか。世界を変えるイノベーションを起こしてきたのはこういうＣエリアにいる子どもたちではないでしょうか。また、学級崩壊を起こすクラスの初期症状は、こういう能力が高く自分の考えがしっかりしている子たちの中に不満が溜まっていくという状態ではないでしょうか。

　この子たちを放っておかず、学級内で思いっきり力を発揮できる環境をつくることも、「けテぶれ」にクラスで取り組む大きなメリットです。

子どもたちのタイプ別
指導法〜Dエリア〜

焦らず待つことが大切！

☑ Dエリアにいる子の特徴

　教師の働きかけが最も届きにくいエリアです。しかし僕の経験上、こういう子がある日突然覚醒するという確率は案外高いです。

　すべての子がそうなると言い切ることはできませんが、かなりの子たちはこのエリアから抜け出し、BもしくはAにまで到達することがあります。

　そのきっかけは教師の働きかけよりも、友だち同士のかかわり合いで生まれることが多いです。「自立とは依存先を増やすことである」という言葉を体現するように、友だちの力を借り、徐々に自分の足で立ち上がり進み始める姿が見られた時は、感無量です。

☑ 「けテぶレベル」の始めまで戻ってみよう

　まず、無理なくやれるレベルまで戻すのです。

　できなければできるところまで戻る。学習の鉄則ですね。「けテぶれ」では学習の段階を明確に区分しています（P93）。自分のできるレベルが見つかると、みるみる意欲的に宿題に取り組み始める子もいました。

　やり方がわかるとやる気が湧くのです。ここまで来れば、確実に結果に結びつきますので、プラスのサイクルが回り始めます。無理なく

できるレベルが「去年までの宿題の方法」であるならば、そこまで戻すのもアリです。けテぶれの目標はあくまでもテストで合格点を取ること。方法自体は別にけテぶれでなくてもいいのです。ただ、けテぶれは従来までの宿題の方法に比べて汎用性が高く、テストの点数以外の目標を目指す時にも使えるので、勉強でけテぶれを使うとお得だ、ということです。できるレベルに戻って勢いに乗れた子は、学習方法を工夫したいという気持ちになり、自然にけテぶれを始めるというケースも珍しくありません。

☑ 目標点を自己設定しよう

また、目標点を自己設定することも有効です。

一応クラスでテストの合格点は設定しますが（大テストは80点、小テストは90点）、それぞれの子に自分に合った目標というものが存在します。学習が苦手ならばクラスの目標点にこだわることなく、自分が目指す点数を自分で決めて、それに向けて努力をすればいいのです。たとえそれが40点だったとしても、そのラインを目指して努力し、クリアできた時には大きな喜びが伴います。この自信が、次の目標ラインを自分で押し上げようという気持ちを促進するのです。

この場合、テストが始まった時に点数を書くスペースの近くに自分の目標点を書くように言います。そうすれば先生も採点の結果、目標点を超えているかどうかを知ることができ、その子にテストを返す瞬間にほめることができます。

☑ 仲間とのつながりを大切に！

このエリアの子たちにとって、学級は友だちにパワーをもらえる場になります。自分の学習を応援してくれる友だちをたくさん得ることができる。その友だちは、自分がテストの目標点をクリアした時、自分と同じようにその結果を喜んでくれます。このような温かいつながりが、このエリアの子たちを学びの世界にいざなうのです。

子どもたちのタイプを踏まえた学級指導法

~子どもたちの長所が響き合う指導を心がけよう~

☑ 子どもたちはエリアの間を動き回ることを忘れずに！

　ABCDそれぞれのエリアにいる子どもたちは常に流動的です。Dエリアに長くいた子が突然BやAエリアに行ったり、Aエリアの子がCに行ったり、さらに言えば、一見Aの取り組みをしているが、心の中はCであったりということもありえます。すべてのエリアが教室の中にあるという前提に立って、日々指導することが大切です。

　このABCDという分類の視点を持って、第4章の「けテぶれで子どもはこんなに変わる！」を読んでみてください。子どもたちがエリアを移動していく様子がよくわかると思います。

☑ 子どもたちの長所が響き合うような指導を心がけよう！

　さらに、このABCDエリアそれぞれに個別対処するのではなく、共鳴し合えるような働きかけをすることも大切です。たとえば頑張っても成績が上がらないBエリアの子どもたち。彼らには効果的な取り組みをするAエリアの学習がいい影響を与えます。真面目に取り組むAエリアの子どもたちには、型にはまらないCエリアの子たちの取り組みが魅力的に映ります。このようにそれぞれのエリアに属す

る子どもたちの長所を響き合わせる工夫も大切です。

☑ 自分の状況を把握するために こんな図を使ってみよう

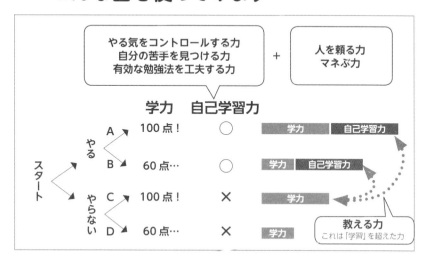

　A～Dのエリアのうち、自分はどのエリアにいて、それはどういう状態なのか。これを判断できるように、僕はこんな図を教室に貼っています。テストの後に大分析をする時などはこの図を見て、今回の自分はどのエリアに長くいたか、という視点を示すこともとても有効です。

☑ 子どもたちに伝えるべき大切なこと

　ここで教師が常に発するメッセージは、学力よりも「自己学習力」を重視すること。なぜならそれが、**一生使える力**になるからです。そして自己学習力よりも、「友だちと支え合い高め合う姿」を重視すること。なぜならそれが、**一生を支える力**になるから。

　こういう大きな視点を常に子どもたちに示してやってください。学校は子どもたち一人ひとりが社会で立派に活躍するためにまた、幸せな人生を送るために必要な力を獲得する場所なはずですから。

コラム3 感動のサイクル

　「けテぶれ」の理論は、そこに感情を乗せることで、とてつもない力を発揮します。大切なのは、「感動」の心です。

　けテぶれを始めると、本当に素晴らしいノートに出会えると思います。その時、その感動をしっかりと子どもたちに伝えてあげてください。大げさくらいがちょうどいいです。クラス中に響き渡る声で、「これはすごい！」と認めてやってください。勇気を出して一歩踏み出した子どもたちは不安でいっぱいです。けテぶれに取り組み始めた時は、とくに。だからこそ、自分が精一杯踏み出した一歩を先生が認めてくれること、感動してくれることは、子どもたちにとってとても嬉しいことです。

　自分のノートに感動してもらえた子は、その日、家に帰ってどんな気持ちで宿題に取り組むでしょうか。きっと「よし！今日も頑張るぞ！」となりますよね。それを見ていた子はどうでしょう。「よし！自分だって！」となりますよね。そうしてノートがレベルアップします。

　今度はそのすごさを、友だちが感じ取れるようになります。なぜなら自分も同じように努力しているからです。料理人の工夫を最も見極めることができるのは、同じ料理人です。なぜなら同じ土俵で戦っているからです。学習も同じ。同じ目標に向かって「けテぶれ」という同じ道具を使って努力している仲間だからこそ、仲間の頑張りや努力に感動できるのです。

　教師が子どもたちのノートに感動する。子どもたちがお互いのノートを見て感動し合う。この感動のサイクルを生み出しましょう。これが一人ひとりの学習をパワーアップさせます。人は理屈では動かないのです。「理動」という言葉はありませんよね。人が動く時は、気持ちが動いた時。つまり「感動」した時です。その起点は、指導者である先生が生み出してあげてください。

第4章

けテぶれで
子どもは
こんなに変わる！

さあ、学びの海へ
一歩踏み出そう！

最も大切なことは、信じて任せて認めること

☑ けテぶれの魂

　「けテぶれ」の指導で最も大切なことは「信じて、任せて、認める」という教室文化をつくることです。この逆の世界を考えてみてください。「疑い、任せず、認めない」。どうせ失敗するから、どうせズルをするからと疑い、何も任せない環境。子どもたちの外側に正解をつくり、独創的な工夫を認めない。こんな学習環境で子どもたちをのびのびと育てることができるでしょうか。

　環境は子どもたちの思考にも影響します。こういう環境のもとでは、子どもたち自身が自分たちのことを疑い、何もやってみようとせず、自分の失敗を認められなくなっていきます。

　「信じて、任せて、認める」という教室文化は、子どもたちが自らの力で成長をつかみ取るために必要な環境なのです。

☑ 子どもたちがうまくできるかが不安！

　子どもたちを学びの海に降ろしてみて、はじめに驚くのが、学びに向かうエネルギーの大きさです。子どもたちは大人が思っているよりはるかに大きな力を持っています。ぜひ、信じて、任せてみてください。

　今、全国でけテぶれに取り組まれている先生方は、僕が書いた拙いブログだけを見て実践されています。それでも多くの先生が子どもた

ちの光り輝く学びの姿に驚き、見たこともない景色に出会っています。こういう成功の背景には先生方の指導力があるのはもちろんのことですが、いろいろな先生がけテぶれを実践し、多くの場所で成果が上がっているという事実は、「**子どもたちは自ら学びを積み上げられる存在である**」ということの証明だと思っています。子どもたちは自ら学べるのです。そのことを信じて、任せてあげてください。

☑ もし失敗してしまったら!?

　失敗とは、そこで歩みを止めるから失敗となります。けテぶれはテストで失敗した後は「分析」し、その失敗を乗り越えられるように「練習」をします。つまり、失敗を失敗で終わらせず、次なるステージへ向かう踏み台にするのです。失敗すること、間違えることをマイナスと捉えず、成長の種とする。これはけテぶれで子どもたちに伝えたい最も大切なことの1つです。だから、失敗を認めましょう。そしてそこから一歩踏み出そうとする姿を大いに応援しましょう。

　でも、精神論だけでは、なかなかうまくいかないこともありますね。失敗に立ち向かうためにはもっと具体的なアイディアがほしいところです。そのアイディアとは何か。それは、**ほかの子の「成功例」**です。同じ土俵でうまくいった例を知ることができれば、それを真似してみようとしますよね。そうやって進んでいくのです。

　だから、けテぶれ通信を出すし、宿題交流会をするのです。ここにクラスみんなでけテぶれをする意義があります。

☑ さあ、一歩を踏み出そう！

　さて、子どもたちを学びの海に降ろす心の準備はできたでしょうか？　次のページからは、学びの海に降りた子どもたちが、1年を通してどんな姿を見せてくれるのかを紹介しましょう。

第1ステージ：
トップランナーの輝き

けテぶれに初めて触れた子どもたちの反応

☑ けテぶれを導入したら
　どんなことが起こるの？

　「けテぶれ」の指導に焦りは禁物。子どもたちの学ぶ力、失敗から立ち上がる力を信じ、目先の姿を求めず、長い目で子どもたちの成長を見守る心が必要です。そのためには見通しがないと不安ですよね。ここからはけテぶれを導入してからの１年間でどんなことが起こるのかということを紹介します。

☑ 第１ステージの概要

　けテぶれの導入とは、子どもたちを「学びの海に降ろす」ことであると捉えます（序章参照）。今までの教育は大きな船に乗せて目的地まで全員を運ぼうとしていました。しかしその方法では子どもたちを力強い学習者に育てることが難しい。だから、子どもたちを海に降ろすのです。その時、学びの海での泳ぎ方こそが「けテぶれ」です。泳げるようになるには練習が必要ですよね。すべての子がすぐに海を楽しめるようにはなりません。

☑ 何をしたらいいのかわからなくなる子もいる

　ある道具を手渡した時、使い方がわからず困ってしまう子も当然い

ます。そういう子は丁寧に救ってやらなければなりません。海に降ろした時、溺れてしまっては学びの海が怖くなってしまいます。学級通信や宿題交流会で学びの方法をたくさん示してあげましょう。

☑ クラス全体として小テストの点数が落ちる場合もある

けテぶれを始めて最初の小テストは、今までの小テストの得点率に比べて落ちることがあります。今まで船の上でのんびり過ごしていた子たちを全員海に降ろして、すぐに全員がうまく泳いで目標地点まで行けるわけではありません。大半の子はまだ形をなぞっているだけです。けテぶれは1つの学習スキル。身につけるには練習が必要です。

☑ 光り輝くトップランナー

そんな中、光り輝くようなノートを書いてくる子たちが現れるのがけテぶれ初期の特徴です。けテぶれに共感できる子はすぐさまそのよさと方法を理解し、素晴らしい成果を出します。さらにその後もずっと、クラスのトップランナーとして仲間の学習を刺激してくれます。

導入された先生の実践の様子を見る限り、そういう子は20〜30人程度の子ども集団の中には必ずいるように思います。今までの宿題形式で能力を抑圧されていた子が、その成長のふたを外され、自由に思う存分学べる環境を得ることができる。これだけでもけテぶれを導入する価値はあると思います。それほどに、子どもたちは力強く頼もしい学びの姿を見せてくれます。

この子たちの光によって進むべき道が照らし出され、導入後2週間ほどで大半の子たちが生き生きと学ぶようになります。その辺りからテストの平均点などが一気に上がるなんてことが起こったりもします。これがけテぶれ第1ステージに起こることです。

第2ステージ(前期):
けテぶれはサボれる

楽な方に流れてしまう自分との出会い

☑ 苦しいが大きな学びを生み出す第2ステージ

4月から「けテぶれ」を導入したとすれば、ここで定義する「第2ステージ」とはだいたい6月から10月くらいです。けテぶれの指導においては最も長く、最も大きな学びが生み出せる時期です。ここは前期と後期に分けて説明します。前期でどれだけの学びを生むかが第2ステージ後期の姿を決めます。

☑ サボれる構造がもたらすもの

けテぶれに慣れてきた頃に起こるのが、学習量や質の低下です。

けテぶれの宿題の方針は、「テストで合格点が取れるならば、どんな方法でどれくらい学習をするかは自由」というもの。これまでの宿題よりも自由度が大きいため、やるべきことから目をそらし、ラクに済ませてしまうことが可能です。つまり、子どもたちは簡単にサボることができるのです。

この「サボれる構造」の中で、多くの子どもたちは**簡単にサボり心に負けます**。そして、そのことを正当化しようともします。「忙しかったから」「用事ができたから」「体調が悪かったから」…時には「やったけど犬に食べられた」なんてことを言い出すことも…(笑)。

その真偽を教師が確かめることはできませんし、嘘と疑いのサイクルを回しても意味がありません。「あ、そうなんだ！　大変だったなぁ！」と100％その話を信じます。そして、「じゃあ明日取り戻さなきゃね！」と未来の話をします。

　これで軌道修正ができる子もいるし、できない子もいる。まだまだサボる。僕の場合は、毎朝宿題の提出状況を調べているわけではありませんので、こんなやり取りもなく、黙って宿題を出さない子も当然います。その中には、本当にやるべきことがなくて「今日はいいか！」と選択している子もいる。教師がすることは単純に、その日提出された宿題を見る、それだけです。

☑ 小テストの点数もズルズルと下がってくる

　学習の量や質が低下した結果、一部の子たちの小テストの成績が下がり始めます。いつもならありえない失敗をしたり、時にはいつも100点を取れていた子が60点くらいを取ってしまったりすることもあります。

☑ 自分の勉強が十分かどうかを判断するのは難しい

　「サボる」とは、本当はやる必要があるにもかかわらず、やるべきことから目をそらし、楽な方に流れていってしまっている状態のことを指します。教師の側からは、宿題をやっていない子の状態が、「学力が十分にあり、やる必要がない状態」なのか、「サボっている状態」なのか、明確には判別できません。

　そして、**判断ができないのは子どもたち自身も同じなのです**。今自分に必要な学習が十分にできているのか、いないのか、これを判断するのは難しい。だから、学校の小テストで知るのです。あ、このままじゃまずいのだ、と。この結果を受けて、徐々に子どもたちは軌道修正をし始めます。

第2ステージ（後期）：サボる自分と向き合い自律する

葛藤の中から自律の芽が出る

☑ とことん考えさせる

　小テストで点数が取れない。自分の学習努力は不十分であると小テストの点数で知らされた子どもたちが次にすべきことは、「大分析」（P82参照）です。まだまだ自分で考えさせるのです。なぜ今回こんな点になったのか、学習方法にまずさはなかったか。自分の苦手は把握していたか。やるべきことから目をそらし、怠けてはいなかったか。

　つまり、自分の学習について、努力の方法や方向が誤っていたのか、頑張ったつもりでその努力が足りなかったのか、もしくはサボっていたのか、ということを判断させるのです。これを考えさせた上で2日後に再テストです。失敗したらそれを取り戻すステージを必ず用意します。

☑ 自分に向き合う機会を大量に用意する

　「けテぶれ」の構造は自分に向き合う機会を大量に生み出します。毎日家に帰ってからの宿題で。学校の大テストや小テストの後にも。

　このサイクルの中で子どもたちは、やるべきことから逃げてしまう自分に出会い、それを乗り越えようと自分の足で歩き始めます。「自律」し始めるのです。

その変化は小テストの点数として、そして日々のノートの記述として、明らかに確認することができます。ぐんぐん点数が伸びたり、数ページにも渡って学習するようになったり、「やる気を出す方法」や「集中力を高める方法」といった学習心理学の分野のような思考をしてきたり、頼もしい姿が見られ始めます。

　自律までに時間がかかる子もいます。そんな子も学校に来て、自律してゆく友だちの姿を目のあたりにすることで、変容し始めます。教室は、自律に向かいゆく子どもたち同士の間で豊かな相互作用を生み出すことができる場所なのです。「自己学習力の獲得」という個の力を学級集団で目指す意味がここにあります。けテぶれは教室を「決まりきった正解を受け取る場」から「自分と異なる他者の考えに出会い、刺激を与え合う場」へと変容させる1つのきっかけをつくります。

☑ サボれる構造が子どもたちに自律を促す

　子どもたちは、「**サボれる構造**」と「**努力の成果が明確に示される環境**」と「**同じ土俵で頑張る他者との出会い**」によって、弱い自分を認め、そんな自分を乗り越える必要性を受け取り、自律し始めます。

　自律とは、自分を律して、やるべきことに向き合うこと。これは学校のお勉強という世界だけに求められることではありませんよね。サボり心に打ち勝ち、やるべきことに向き合う力は、学校生活の多くで、そして人生の多くのタイミングで必要な力です。

　けテぶれのシステムは「サボる」ということも選択肢の1つとして残しておくことで、それを選んでしまう自分に出会わせます。そしてそういう自分ととことん向き合う手立てと機会を子どもたちに与えることによって「自分を律して、やるべきことに向き合う力」を、学校の勉強というステージを使って鍛えることができるのです。

　その学びが生み出されるのが、けテぶれ第2ステージ（後期）です。ここでの学びが、第3ステージの質を決めます。

第3ステージ：
熱を帯びる学習者たち

学び方を探求する自立した学習者へ

☑ 見たこともない景色が現れる

　サボり心と戦い、覚醒する子が出始めた辺りから、教室が熱を帯びてきます。宿題が楽しい、もっとやりたい、まだまだできる。こういう気持ちが学級内にうずまき、今までそこそこにやっていた子たちもどんどんと次のレベルへと挑戦しようと身を乗り出してきます。下位層が中位層へ、中位層の子たちは上位層へ、上位層の子たちは超上位層へとランクを上げていくのです。これが２学期末頃に引き起こされると、学期末の大テストで、教師も目を疑うような結果が生じることになります。

　たとえば漢字の大テスト（２学期に習った漢字すべての中からランダムで50問出題）、練習なしの一発本番で、クラスの半数以上の子が満点を取ったり、算数の大テストの平均点が90点を下回らなくなったり、クラスの最低点が10〜20点以上上がることもめずらしくありません。

　そんな結果が出るだろうということは、日々子どもたちの学びに向かう姿を見ていれば一目瞭然だという雰囲気さえ漂います。

☑ 子どもたちの絆が深まる

　下位層にいる子たちは、積極的に質問をしたり、学習量を増やした

りしながら着実に成長する姿を見せてくれます。中・上位層の子たちはこういう頑張りに刺激されます。その子の苦手な箇所を一緒に考えたり、専用の問題集を作ってあげたりという姿が見られます。

　仲間に支えられ、勇気づけられ、一気に上位層まで跳ね上がる子もいました。「学び方がわかった！」と言い、1学期は20〜30点だった漢字の大テストで、3学期には96点を取ることができた子もいました。

　その時、その点数を取れて喜ぶのは、本人だけでしょうか。そうではないですよね。**それまでその子の学習に一緒に向き合い支えてきた仲間たちは、本人以上にその点数を喜んでいました。**

　学校のレベルでは物足りなさを感じている上位層の子たちが、その高い学力を人のために使い、誰かと喜びを分かち合う幸せを感じられること。学校のレベルについていけず困っていた子が仲間の力を借りて目標を達成する喜びを感じられること。これはテストで100点を取ることの何倍も尊いことですよね。

☑ 学習者から探究者へ

　上位層が超上位層へなるとはどういうことか。それは自分の学び方を客観的に捉え、深く考察し、さまざまな仮説をもとによりよい学習方法を探究する姿を見せてくれるようになるということです。

　考えて動くことが楽しくてしょうがない。そんなゾーンに入る子が出てきます。この層の子たちは睡眠時間を削ってでも1日10ページ以上の思考をしてくるようになりますので、逆に宿題をやりすぎないように、と注意しなければならないほどです。

　こうして学びの海の中を、時には1人で遠くまで泳いだり、深くまで潜ったり、時には困っている仲間を支え、ともに泳いだりしながら、豊かに泳ぎ回る姿を見ることができるのが、けテぶれ第3ステージです。

　教師としてこんな景色を見ることができるのはとても幸せです。

そして授業が変わる

宿題と授業を連動させることを考えてみよう

 けテぶれと新しい学習指導要領

　2020年全面実施の学習指導要領では、学力の3要素として「知識及び技能」「思考力、判断力、表現力など」「学びに向かう力、人間性など」が定義され、それらを育む「主体的・対話的で深い学び（アクティブ・ラーニング）」を目指す授業改善を重要視しています。

　「けテぶれ」に取り組む中で子どもたちは「自分なりの学び方」について日々、思考判断している上に、その学習努力の中で、自分の苦手を毎日チェックしながら着実に知識技能を高めていきます。そんな子どもたちが集まれば、自然に、対話的に深く学び始め、学ぶ楽しさ、知る喜びを感じ、どんどん学びに向かう姿が主体的になっていきます。けテぶれが生み出す学習環境はこの学習指導要領が求める姿と非常によく対応しているのです。

　「宿題」を中心とした学びの中でそのような質の学習を経験できているわけですから、アクティブ・ラーニングの視点から子どもたち主体の授業を目指す上でも、けテぶれは非常に効果的に作用します。一斉指導の時間をできるだけ短くし、子どもたちが自由に判断し、行動できる学習環境を構築すれば、教室の中でもとても頼もしい学びの姿を目のあたりにすることができるのです。当然その授業の中でも「けテぶれ」のサイクルを意識します。

☑ 授業では「みんなと学び合う方法」を探究

　宿題におけるけテぶれでは「1人で」学ぶための方法を探究します。学校の授業ではクラスメイトがいます。誰かとともに学び合うための方法は、1人の時とは性質が異なります。だから子どもたち主体の学習空間をつくるためには、みんなと学び合う方法を探究するという視点が必要です。ただ自由に学び合うのではなく、そこに明確な目的意識がなければ実力は高まっていきません。

　子どもたちに用意してやるべき学習環境は**「誰と、どこで、どのように学んでもよい。ただし、教科書に載っている学習内容をすべて学び取れるのならば」**となります。その環境の中で「計画➡テスト➡分析➡練習」のサイクルをまわし、みんなと学び合う方法を獲得していく。宿題の構造と同じですね。すべて自分で判断し、行動するからこそ、その行動の結果を自分自身で受け取ることができるのです。

　具体的にはまず、授業のはじめの5分で今日の学習の計画を立てます。（単元の中でやるべきことは単元のはじめに全員で見通しを立てておきます。）計画が書けた子から、学習スタートです。35分間、思い思いの場所、方法で必要な内容を学びます。教師は子どもたちの様子を詳細に観察し、必要に応じて声をかけたり、一斉指導を行ったりします。終了5分前になると自分の席に帰ってきて、分析です。ここでは「＋、－、➡」の視点（P84参照）で1時間の学び方について振り返ります。「やってみてどうだったか」という大分析的思考です。最後に教師からフィードバックを受けて、授業終了です。

　そのうちに子どもたちは「授業はみんながいる。宿題は1人でやる」という特性に気づき始めます。「わかるところは自分で進めておこう。学校に行ったときには友だちがいるからこそできる学びをやろう」という意識が芽生え、授業と宿題が連動し始めるのです。（子どもたちがこういう考え方を受け取れそうだなと判断したときに、教師の方から提案することももちろん可能です。）

学びのポートフォリオが学び方の探究を支える

自分の学び方は自分が一番よく知っている

けテぶれシート

　僕は、授業の振り返りに「けテぶれシート」というものを使っています。ここに授業の振り返りを書き、ファイルに蓄積していくことによって、自分の「学び方に関するポートフォリオ」ができ上がります。

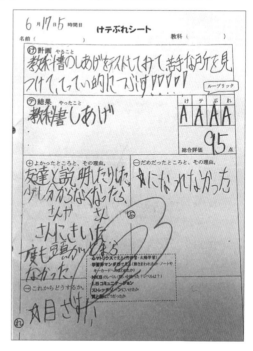

　このようにして、授業でも自分の学び方に着目して、学習を積み上げることによって、自分なりの学び方のイメージがより鮮明となり、学び方が身につきます。

　授業において学びを深めるための手立てはここに紹介した以外にもたくさんあるのですが、誌面の関係上、本書ではここまでの紹介とします。

　Twitterやブログで情報を出していますので、ご覧ください。

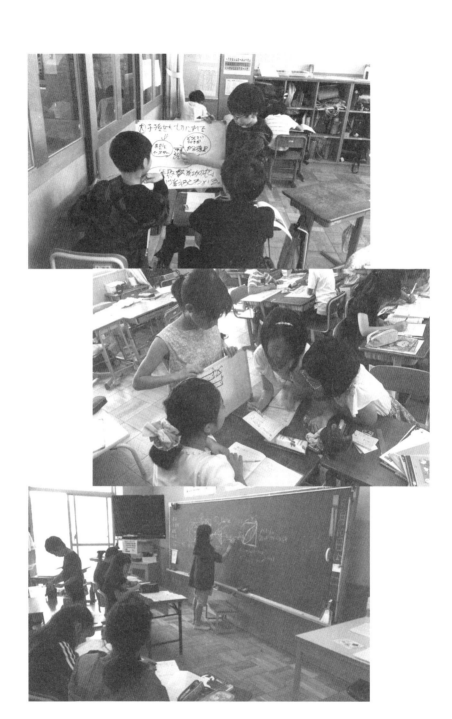

第4章 けテぶれで子どもはこんなに変わる！

あとがき

　採用１年目。僕は教師として働き始めたその年から、悩みの渦の中に落ちていきました。現場に出るまでに思い描いていた理想の教育環境と現実の状況があまりにもかけ離れていたからです。
　子どもたちを制御するためだけの独善的な指導だけはやりたくない。教師とはもっともっと学ぶことに対して真剣に真摯に向き合わなくてはならないのではないのか。学びの場とは、子どもたちが学ぶことにワクワクし、子どもたちが生み出したエネルギーが混じり合う。そんな場所じゃないのか。小学校の教室はなぜそうなっていないのか。なぜそうなっていないことが問題にすらならないのか。それはなんのための指導？　あれはなんのための大声？　子どもたちは椅子に座っておとなしく教師の言うことを聞いていればそれで OK なの？
　僕の中で出した答えは、現場での正答ではなかったのです。そうかと言って僕の中の正解にどうやって教室でたどり着けばいいかもわからない。僕は職員室でまったく評価を得られませんでした。
　さらに僕は明るく元気に子どもたちを盛り上げられるタイプの教師ではありません。とくに楽しませてくれるわけではない。その上に明確な指導もないとなると、当然子どもたちからの評価も高くなく、子どもたちから学年末に「来年も先生がいい」などと言われたこともありませんでした。
　結果を出せず、職員室でも子どもたちからも評価を受けられない日々。辛く苦しかったです。…ここは僕のいるべき場所じゃない。…やめたい。そんなことを毎日考えていました。
　しかし、自分が目指す方向は絶対に間違っていない。何故かそれだけには自信がありました。だから１人で千思万考を積み重ね、教室で

星の数ほどのトライアンドエラーを積み重ねました。そんな中で生まれた1つのアイディアが「けテぶれ」です。

　苦しかった状況は「けテぶれ」によって変わりました。僕の持ち上がりが決まった時、子どもたちは「またけテぶれができる！」と喜んでくれました。指導力も子どもを引きつける魅力も足りない僕が、やっと、長年求め続けた「子どもたちが学ぶことにワクワクし、子どもたちが生み出したエネルギーが混じり合う教室」をつくれ始めたのかな…と感じられた瞬間でした。その1年は本当に楽しく豊かなものになりました。その子たちとやった卒業式を、僕は一生忘れることはないでしょう。一生の宝物です。

　だからこそ、僕は広く全国の先生方にけテぶれを知ってほしいのです。こんな僕でも、教室を一変させられたのです。僕よりも子どもたちに言葉を届けるのが上手な先生にけテぶれを試してもらえたら、子どもたちはどれほど大きな学びを受け取れるでしょう。

　また、かつての僕と同じような悩みの中にいる先生に届けたい。子どもたちを統率することが教師の使命ではないですよね。教室は光り輝く学びが生み出されるべき場所ですよね。でもその生み出し方がわからない。そんな先生に読んでほしい。

　そして何より、**多くの子どもたちに学ぶことの楽しさに出会ってほしい**。けテぶれが証明するのは、子どもたちの学びに向かうエネルギーの大きさです。それが正しく解放された時、子どもたちは学ぶことが生み出す大きな大きな喜びを得ることができるのです。

　1人でも多くの子どもたちが学ぶことの楽しさに出会えますように。1人でも多くの先生たちが子どもたちの光り輝く学びの姿に出会えますように。そんな願いを込めて、この本を贈ります。

葛原祥太

● 著者紹介

葛原 祥太（くずはら　しょうた）

1987年、大阪府生まれ。同志社大学を卒業後、兵庫教育大学大学院へ進学。卒業後、兵庫県公立小学校に勤務、現在に至る。小学校の宿題の在り方に疑問を感じ、家庭学習において、子どもたちが自分の学習を自分で作り上げる「けテぶれ学習法」という方法を提唱し、ツイッター上で発表。多くの教師から注目を集める。現在は宿題改革の切り口から、これからの社会に求められる教師の在り方を啓発するため、講演会、執筆活動などに活躍中。

「けテぶれ」宿題革命！
子どもが自立した学習者に変わる！

2019年7月26日　初版発行
2024年1月30日　11刷発行

著　者	葛原　祥太
発行者	佐久間重嘉
発行所	学　陽　書　房

〒102-0072　東京都千代田区飯田橋1-9-3
営業部／電話 03-3261-1111　FAX 03-5211-3300
編集部／電話 03-3261-1112
http://www.gakuyo.co.jp/

ブックデザイン／スタジオダンク
イラスト／尾代ゆうこ
DTP制作／越海辰夫
印刷・製本／三省堂印刷

Ⓒ Shota Kuzuhara 2019, Printed in Japan　ISBN 978-4-313-65377-1 C0037
乱丁・落丁本は、送料小社負担にてお取り替えいたします。
JCOPY〈出版者著作権管理機構　委託出版物〉
本書の無断複製は著作権法上での例外を除き禁じられています。複製される場合は、そのつど事前に出版者著作権管理機構（電話 03-5244-5088、FAX03-5244-5089、e-mail: info@jcopy.or.jp）の許諾を得てください。